それは「変化」であり、「教育」である。

引継ぎ

生産性を3倍に跳ね上げる

Change & Education

はじめに

日本企業において身近だが、軽視されているもの。
――それが〝引継ぎ〟です。

現在、ほとんどの会社は自社で、あるいは教育会社に依頼して社員教育のプログラムを実施しています。また書店には多種多様なビジネス書が並び、ビジネスパーソンの自己学習の手助けになっています。しかし、どこにも〝引継ぎ〟の専門書は見当たりません。

事業承継や技能継承などの、ある特定の領域については、そのノウハウを記したものもあるでしょう。しかし、ほとんどの働く人にとって重要なのは、上司や同僚から仕事を渡されたとき、社員が異動や退職をすることになったときに生じる〝日常的な仕事の引継ぎ〟なのです。

このような問題意識から、私は働く人の業務のサポートとして〝引継ぎ〟のノウハウをまとめる仕事をはじめました。国内外の文献を調べ、多くのビジネスパーソンに話を聞き、実際の社員教育に取り入れることにもトライしました。その結果、驚くべきことを発見することができました。

それは……、〝引継ぎは、日本企業の生産性を低下させている根源である〟ということです。図1をご覧ください。

この図では、横軸を時間（期間）、

図1　引継ぎと生産性の関係

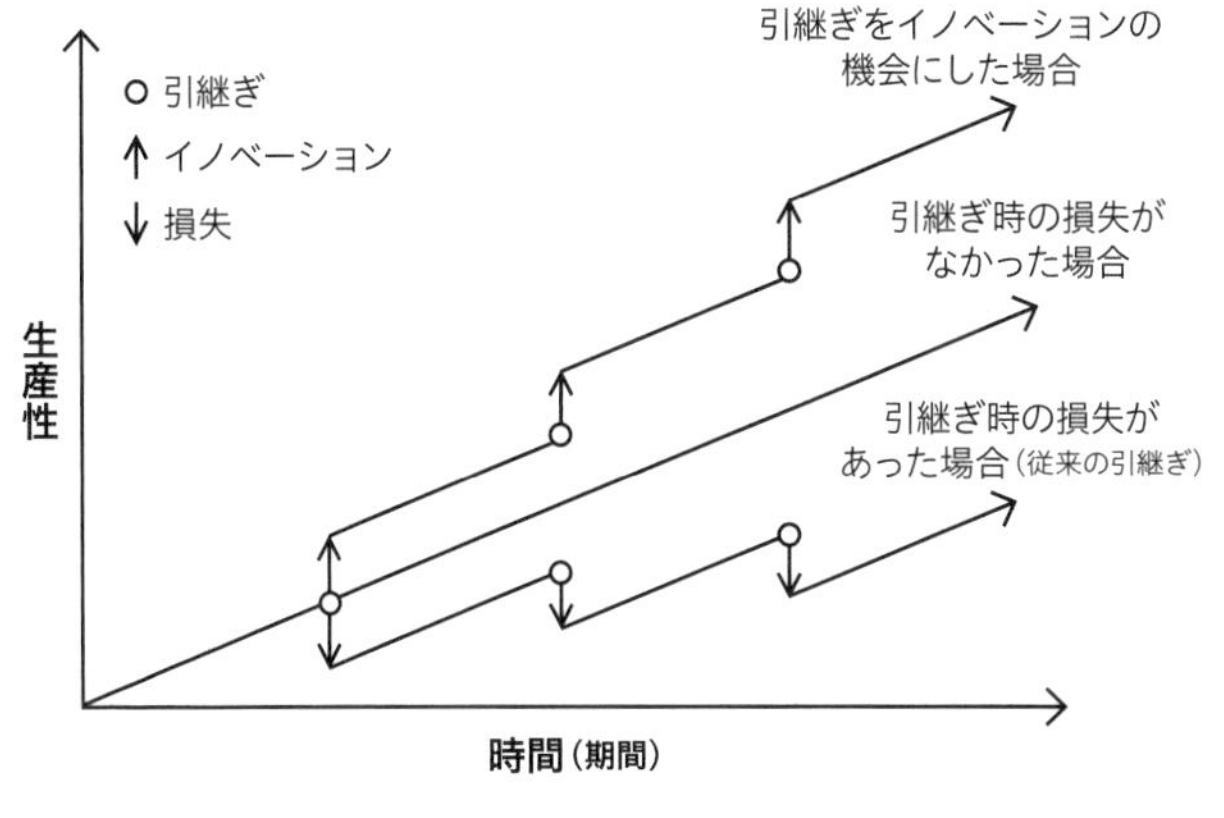

縦軸を生産性としています。仕事というのは通常、従事した時間が長くなれば、効率化が図られ、新しいものが付加されることで、生産性がアップしていきます。しかし、これは「同じ人が同じ仕事を続けていた場合」です。

会社という組織体で仕事をする以上、永遠に同じ仕事をすることは有り得ません。少しずつ難しい仕事を任され、新しい仕事に従事することになります。その際、従事していた仕事を後任者に渡す〝引継ぎ〟が生じます。

我々の調査結果から、引継ぎで何らかの損失（トラブル、情報消失など）を経験したことがある人は86％にのぼることが確認されています。つまり残念ながら、日本企業は、引継ぎのたびに生産性を低下させてきたのです。そして後任者が仕事に慣れ、生産性が回復した頃に、また引継ぎで生産性が低下する、これを繰り返してきました（図の一番下の線）。皆さんも身に覚えがあるのではないでしょうか。

もし引継ぎの際に、損失が生じなければ、同じ人が同じ仕事を続けたのと同様に生産性は右肩上がりに伸びていくはずです（図の真ん中の線）。その意味で、引継ぎのノウハウを整理することには大きな価値があります。しかし本書が伝えたいのは、これだけではありません。

それは……、〝引継ぎこそ、変化を起こす最適なタイミング〟ということです。私たちは通常、様々な〝縛り〟を受けながら仕事をしています。組織の慣習や上司の意向、そして自分自身の問題などです。

詳しくは本編で述べますが、引継ぎ時は私たちが仕事をする中で、唯一、この〝縛り〟から解放される瞬間です。今までやりたくてもできなかったことにチャレンジできる機会であり、誰に縛られるでもなくアイデアを具体化するチャンスなのです。つまり引継ぎは、イノベーションを起こしやすいタイミングともいえます。この機会を有効活用することができれば、組織の生産性は飛躍的に向上するはずです（図の一番上の線）。

この仮説を検証するために、私たちは引継ぎを有効活用した事例を整理し、統計的な手法を用いて分析しました。その結果、効果的な引継ぎによって得られる生産性の伸び率は実に〝通常の3倍〟でした。

生産性が上がらない、イノベーションが起こせないなどの悩みを抱える経営者やマネージャーは多くいると思います。そのすべての悩みは、引継ぎを見直すことで解消されます。少なくとも組織の生産性は3倍速で上がっていくはずです。

本書では、まず引継ぎに関する、ある「ストーリー」を読み進めていただくように構成してあります。そしてその中で、引継ぎに関する知識や技術が身につくような工夫をしてみました。さらに、「ストーリー」後の「解説」パートには、より深い理解を得ていただくための説明を記載しました。

引継ぎの本質は、〝変化〟といえます。これをご理解いただくために、

第一章では〝考え方の変化〟、第二章では〝仕事の変化〟、そして第三章では〝組織の変化〟を扱います。

本書を手に取っていただいた方が、読み終えたときに引継ぎのイメージが変わっていれば嬉しく思います。そして自分が引継ぐ、あるいは引継がれる立場になったときに、引継ぎ自体を楽しいと感じてもらえることを願っております。

2019年

ソシオテック研究所　宗澤　岳史

Contents

目次

Contents

第一章

考え方の変化

[ストーリー]

営業部エースが退職する!

「松田さん、会社辞めるって」

会議室で人事部長が発した言葉に、その場にいた全員が大きく動揺した。会議室の中には緊張が張り詰め、数分間、誰も発言できないでいた。

私は人事部の工藤、入社10年目の32歳だ。入社後8年で二つの部署を回った後、この部署に配属された。

しばらくは日常的な事務仕事を担当していたが、今期から社内で起こった人事関係のトラブルを聞き取り、調整する仕事を命じられた。なんとも損な役回りである。しかも、今回与えられた仕事が、松田さんの退職の後処理とは。

松田さんは誰もが認める営業部のエースであり、大きな顧客を何社も受け持っていた。ここ数年の好調な業績を考える上で、彼の活躍を無視することはできない。社員の退職は決して珍しいことではないため、いつもは人事部も慣れた事務作業をするだけである。しかし、松田さんが辞めるとなると話は別、営業部内に与える影響は計り知れない。案の定、次の日から私は営業部に入り、引継ぎのサポートをするように指示された。

営業部のメンバーは、松田さんの退職を既に知っていた。本来はメンバーには内密に進める話なのだが、影響の大きさを考慮して営業部長である毛利さんが早めに伝えたらしい。

実際に松田さんが会社を辞めるのは2カ月後だが、有給休暇の消化を踏まえると、最終出社日まで1カ月を切っていた。つまり、わずか1カ月で松田さんからの引継ぎを完了させなくてはならないのだ。

「突然過ぎます。これで顧客が減ったりしたら、私の責任になるのでしょうか?」

松田さんから仕事を引継ぐことになった降谷さんは、不安と怒りが入り交じった声で私にそう言った。

降谷さんは私より一つ下の31歳、営業部では若手のホープとして期待されている人材である。仕事に対する誠実な態度と姿勢、そして理知的な仕事ぶりから、周囲の信頼も厚かった。しかし松田さんが担当していたような大きな顧客を受け持った経験がなく、突然の引継ぎに、かなり困惑している様子であった。

「とにかく、できるだけ多くの情報を松田さんから収集しましょう」

私はそう言って、降谷さんと共に松田さんのデスクに向かった……。

「松田さん、引継ぎのためにお話をうかがえますか？」

降谷さんがそう言うと、松田さんは面倒そうな態度で、

「必要な資料はさ、全部、共有フォルダに入れておいたから。それ見て」

と言い残し、席を離れていってしまった。

松田さんの態度に疑問を持ちつつも、降谷さんと私は、パソコンで共有フォルダを開き、分担して確認することにした。しかし、フォルダ内のファイルは100以上あり、どれから見ればよいかわからない。

仕方なく、一つずつ確認したものの、おそらく半分以上は松田さんにし

か意味のわからない内容であった。そこで次の日、改めて彼に聞くことにした。

「ここの数字なのですが、どういう意味か、教えていただけますか？　他にも私たちにはわからない内容がたくさんあるので、時間を取って欲しいのですが」

そう伝えると、松田さんから、

「きちんとファイルを見ればわかるよ。こっちもいろいろとやることがあって、時間が取れないから、なるべく自分たちでやってよ」

と言われてしまった。

松田さんが出社する残り1カ月間、張り付いて引継ぎをするものだと考えていた私たちは、そのひと言で途方に暮れてしまった。会社を辞める社員に対して不満を言っても仕方がないことはわかっている。

しかし、引継ぎはきちんとしてもらわないと困る。降谷さんは、このことを営業部長の毛利さんに報告することにした。

「松田が引継ぎをしてくれない？　それを私に言ってどうする？　引継ぎは、当事者同士でするものだろう。コミュニケーション不足じゃないのか？」

毛利さんは、イライラした口調でそう言った。松田さんが辞めることで後任者である降谷さんの他にも、多くの影響が出ているのは間違いない。部の責任者である毛利さんも顧客訪問などで余裕がないようだ。

「部長もアテにできないか」

降谷さんは落胆し、そうつぶやいた。ただでさえ、今まで経験したことのない顧客の対応をしなくてはならない状況で、その情報さえ満足にもらえない。落ち込むのも無理のないことだった。

「このままではダメだ、何か方法はありませんか？」

そう言って、降谷さんは私に助けを求めた。確かに、今の状況で引継ぎがうまくいくはずがない。会社の損失は避けられず、その責任が降谷さんに降りかかることも容易に予測できる。しかし営業経験のない私が降谷さんに言えることは何もなかった。

引継ぎを考える三つの視点

私は一度、自分のデスクに戻ることにした。済ませておかなければいけない事務仕事が残っていたからだ。しかし降谷さんの困った顔が頭から離れず、仕事が手につかなかった。そこで私は、人事部の先輩である赤井さんに相談することにした。

「……という状況です。私にできることはあるでしょうか？」

私は松田さんの引継ぎに関する状況を、できるだけ詳しく説明した。赤井さんは人事部の先輩で、役職こそついていないが優れた判断力と行動力を持った優秀な人だった。部のメンバーも赤井さんの優秀さを認めていたが、とっつきにくい雰囲気を持つ彼と進んでコミュニケーションを取る人は少なかった。

しかし私はなぜか赤井さんと気が合い、困ったときには頼りにしていたのだ。

「なるほど、状況はよくわかった。このままでは降谷さんは不幸になるだろうね。それで工藤くん、君は問題の本質は何だと思う？」

質問に対する質問だ。赤井さんに相談すると、たいていこうなる。最初から答えを教えることや、具体的な指示を出してくれることは決してない。ちょっと腹が立つが、いつも気がつかないうちに適切な答えに辿り着いているため、私はこの赤井さんとのやりとりを受け入れている。

「本質ですか？ そりゃあ、きちんと引継ぎをしない松田さんもよくないですし、松田さんに指示をしてくれない毛利さんにも問題があると思います」

「そうか、〝人のせい〟というわけだ」

「だってそうでしょう、松田さんは無責任ですよ。降谷さんは、松田さんから引継がれる仕事を守っていかなければならない立場です。問題が起これば降谷さんの責任になりますし、苦しい立場だと思いませんか？」

「引継ぎとは〝仕事を守る〟ことなのか」

「そりゃそうですよ。これまで成果を上げてきた松田さんのやり方はできるだけ踏襲しなくてはいけませんし、築いてきた顧客との関係も大事です。

そのためには松田さんができるだけ多くのことを降谷さんに伝えなければいけないはずです。すべては松田さん次第なのに、彼はもう心ここにあらずなんです」
「つまり、〝仕事を守るために前任者が尽力する〟、これができればよいのか？ それなら松田さんを説得するしかないだろう。答えは出ているじゃないか」
「それができれば苦労しませんよ。だから相談に……」

赤井さんに指摘され、私は気がついた。そうだ、はじめから私はわかっていた。仕事を守るためには、前任者の松田さんが引継ぎをしっかりやるしかないのだと。

しかし同時に、その方法が無意味であることにも気づいていた。もし私が松田さんの立場だったら、次の仕事の準備に時間を使いたいと思うだろう。既に会社から心が離れた人間を説得することなどできはしない。

「どうやら、気づいたみたいだね。君は私に〝松田さんの説得方法〟を聞きに来たのだ。しかし、それは現実的ではなかった。それならば引継ぎを違う視点から考えなくてはならない。それについて何か考えはあるかい？」

「違う視点ですか。正直、引継ぎって〝前任者が後任者に仕事を渡すこと〟という発想しかありませんでした。だから前任者次第なのだと。これ以外に、何を考えればよいのでしょうか？」

「工藤くん、そして降谷さんもだが、君たちは引継ぎについて、意味のない思い込みに支配されている。引継ぎとは何かを、三つの視点から考えてみるといい。それは〝目的〟、〝時間軸〟、そして〝矢印〟だ」

「目的と時間軸と矢印？　もう少し具体的に教えていただけますか？」

「今日、私が話せるのはここまでだ。後は自分たちで考えてみなさい」


そう言うと、新しい玩具を見つけた子どものような表情を浮かべ、赤井さんは自分の仕事に戻っていった。普段、あまり感情を表に出さない彼にしては、珍しい態度だった。

モヤッとした気持ちを抱えつつも、信頼している赤井さんの言葉を信じ、彼の言う〝目的〟と〝時間軸〟、そして〝矢印〟について、降谷さんに相談してみることにした。

第一の視点「目的」とは何か？

「目的と時間軸、それに矢印ですか。よくわかりませんね……」

降谷さんは疲れていた。そんな状態にもかかわらず、私がはっきりしたことを言わなかったことで、気分を害したようにも見えた。しかし今、私が降谷さんにできることは、赤井さんからもらったヒントを彼と話し合うことだけだった。

「申し訳ないのですが、まだ私もよくわかっていません。でも赤井さんが無意味なことを言うはずがありません。だからまず、この三つについて整理してみませんか？」

理解していない人間からの提案など、いい迷惑である。しかし現状、八方ふさがりの降谷さんは、私の提案を受け入れてくれた。藁にもすがる気持ちだったに違いない。

その気持ちを裏切らないためにも、私にできることは赤井さんに教えてもらった〝三つの視点〟を整理することだけだった。

「ではまず、一番わかりやすそうな〝目的〟について考えてみましょう。降谷さんが松田さんから仕事を引継ぐ上で、その目的って何ですかね？」

「そりゃあ、引継ぎが失敗しないこと。つまり松田さんが築いてきた仕事なり、顧客との関係性なりを維持し、崩さないようにすることでしょう。他にありますか？」

「私も降谷さんと同じことを考えました。でも、そのことを赤井さんに言ったら、彼は引継ぎとは〝仕事を守ること〟なのかと聞いてきました。もちろん〝守る〟ことも重要だと思うのですが、他にもあるのかもしれません」

「〝守る〟以外の目的ですか……、〝攻める〟？」

降谷さんの言葉に、私ははっとさせられた。そうだ、私たちはずっと松田さんの仕事を変えないように、つまり松田さんを〝正解〟としてすべてを考えてきた。だからこそ、松田さんからの情報が必要だったし、対応してくれない彼に不満を持ったのだ。

仮に〝守る〟のではなく〝攻める〟と考えれば、何かが変わるかもしれない。確かに松田さんの成果は素晴らしい、でも松田さんのやり方が正しかったかどうかはわからない。

　それに松田さんとまったく同じことなんて、そもそもできっこないのではないか。松田さんと降谷さんとでは経験、考え方、性格、あらゆる点が違う。違う人間なのだから、当たり前だ。

「降谷さん、もしかしたら私たちは、松田さんという存在に縛られ過ぎていたのかもしれません……。引継ぎの目的は〝守る〟こと以外にもあるのではないでしょうか？」

　そう考えると、これまで私たちがやろうとしていたこと、不満に感じていたことがえらく的外れだと気づくことができた。むやみに〝守る〟ことを目的にしていたのは私たち自身であり、それに沿わないからといって松田さんを悪く言うのは、自分たちのことしか考えていないのではないか。

　目的が変われば、当然、役割も変わる。〝守る〟ことを目的とした場合、降谷さんの役割は〝松田さんと同じように仕事をすること〟なのだろう。しかし目的が〝攻める〟になれば〝松田さんの仕事を発展させること〟などの形になる。つまり、私たちが最初に取り組むべきだったのは、今回の引継ぎの〝目的〟を考えることだったのだ。

「実は、私としては松田さんの仕事をそのままやることに抵抗があったことも事実です」

降谷さんは、打ち明けはじめた。

「松田さんの仕事が素晴らしかったのは事実です。何度か一緒に仕事をする機会があったのですが、私には到底、真似のできないものでした。彼は、お客さんの心をつかむのがうまいんです。理屈じゃなくて、感情で巻き込んでいくというか……。でも私はどちらかといえば理屈っぽいほうで、仕事もカチっと構造化された方法が好きです」

私は今回の引継ぎで、降谷さんが強い不安を見せた理由がわかった気がした。降谷さんは松田さんと自分の違いを理解していたため、自分には合っていない仕事のやり方を無理にでもやらなくてはいけないというプレッシャーがあったのだ。

「降谷さん、あなたに適した形で引継ぎの目的を考えてみましょう」

そう私が提案すると、今回の一連のやりとりで降谷さんの顔にはじめて笑顔が見られた。

第二の視点「時間軸」を知る

「自分に適した引継ぎの目的を考えるために、必要なことって何でしょうか？」

「さっき降谷さんが言った、松田さんとの違いは重要だと思います。同じことができないのだから、真似したところでボロが出るでしょうし」

「そうですよね、でも完全に私なりのやり方にするっていうのも極端な気がします。そうなると、前任者と後任者の違い以外にも、何かあるのかもしれません」

「もしかしたら、それが〝時間軸〟なのではないでしょうか。赤井さんはいつも一つの本質だけを考えて仕事をする人です。今回、三つの言葉を出してきたのも、私たちがその本質に辿り着くためのヒントだと思います。だから〝時間軸〟も〝目的〟に関連しているはずです」

「〝時間軸〟って言葉の意味としては、時間の経過を表す軸のことですよね。過去から現在、そして未来みたいな」

そう言って降谷さんは、ホワイトボードに時間軸を描いた。

「松田さんが仕事をした事実は、過去から現在、つまりこちら側です。それに対して、私が仕事を引継いでいくのは、現在から未来なので反対側のここです」（図2）

引継ぎの目的が〝守る〟場合、時間軸でいえば〝過去から現在〟を考えることになる。しかし降谷さんの仕事は過去のものではなく、図にあるように〝現在から未来〟なのだ。

「降谷さん、あなたの仕事は過去にはなく、現在から未来にあります。そうなると現在から未来の状況を考えれば、

図2　引継ぎの時間軸

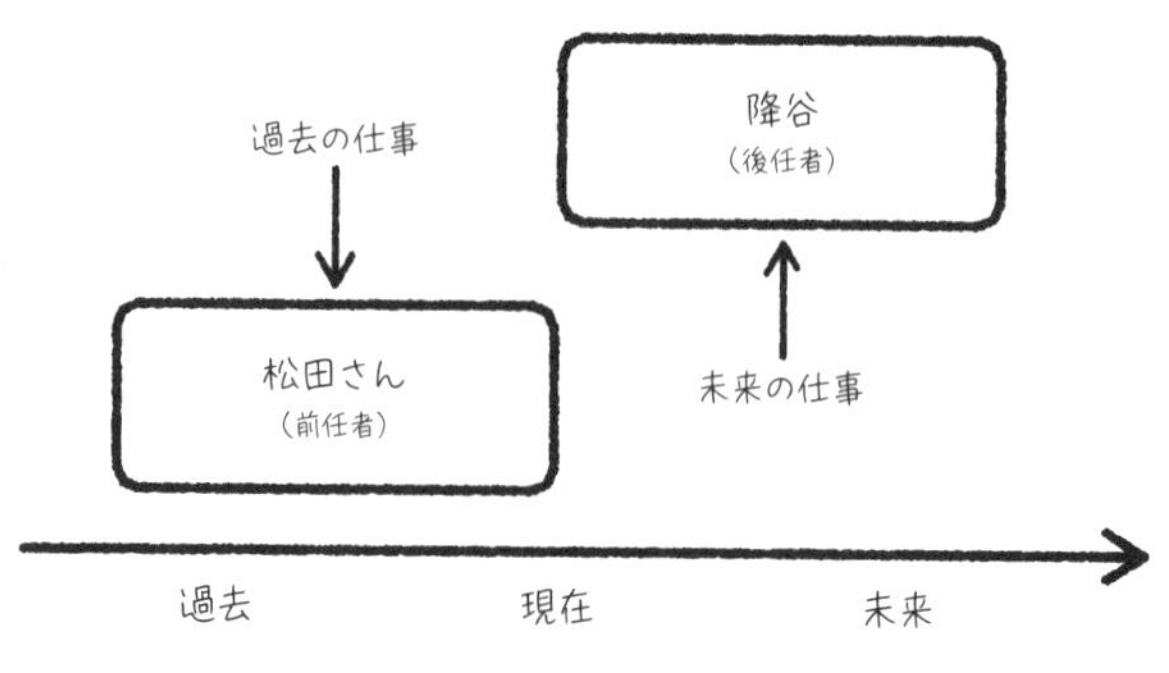

自然と目的も決まってくるのではないでしょうか」

「そうか、つまり松田さんの過去の仕事を洗い直すのではなく、現在の状況と、今後、想定されることを考えればいいのですね。松田さんに確認してみましょう」

私たちは正解に辿り着いたと感じ、やや浮き足だって松田さんのデスクに向かった。しかし、私たちはそこで自分たちの考えの甘さを痛感することになる。

「現在の状況と、今後？」

松田さんは、不可解な表情を浮かべていた。

「今、持っている仕事は全部うまくいっているよ。顧客との関係は良好だし、今のところ問題も出ていない。先のことはわからないけど、心配することはないよ」

そう言うと、松田さんはこれまでに自分が経験した仕事の武勇伝を語りはじめた。この前「時間が取れない」と口にした人間と同一人物とは、とても思えない。

しかし松田さんが話す内容は、過去のことばかりで、未来はおろか、現在の状況さえ聞き出すことができなかった。

「さっぱりでしたね。過去のことばかりで、聞きたいことはちっとも……。考え方は合っていると思うのですが、聞き方が悪かったのでしょうか?」

時間軸を考え、現在から未来の状況を予測して、目的を設定する。赤井さんからもらったヒントについて、私たちなりに回答は出したつもりだった。しかし必要な情報が松田さんからもらえない。

また、ここで行き詰まってしまった。しかしながら、ある言葉がフラッシュバックした。赤井さんがつぶやいた、「そうか、〝人のせい〟というわけだ」というひと言が……。

二つを結びつける第三の視点

私はまた、少し腹が立つが頼りになる先輩・赤井さんの前にいた。自分たちで回答が出せないまま相談するのは不本意であったが、背に腹は代えられなかった。

「よく考えたじゃないか。70点ってとこかな」

人の考え方に点数をつけるのは性格が悪い人に共通するポイントだと思う。しかし残り30点が欲しい私は、素直に聞くしかなかった。

「引継ぎの〝目的〟を考え、〝時間軸〟を考慮する。これについては間違っていない。しかし君たちは相変わらず〝人のせい〟にしているね」

「だって情報を持っているのは松田さんです。彼が対応してくれなければ、進まないのは当然ではないでしょうか」

「そう、松田さんにも責任はある。しかし彼の気持ちは今、次の仕事に向いてしまっている。もちろん、これまでの仕事に誇りも持っているだろう。しかし彼にとってはあくまで〝これまで〟の仕事、つまり過去なのだよ。過去の武勇伝を語ることは楽しいが、自分の中で過去になったことの未来を考えるなんて普通はしない」

「それならば現在と未来を担う降谷さんの目的が設定できないじゃないですか」

「だから、その考え方が〝人のせい〟というのだよ。君は別れた恋人が電話をかけてきて、自分の将来設計について語り出したら、どう思う？　よほどのお人よしでもない限り〝自分には関係ない〟とまともに応対しないだろう」

「それとこれとは……」

「いいや、同じだね。仕事の引継ぎが決まった時点で、松田さんは過去の人、降谷さんは現在の人になったんだよ。未来をつくるのは、いつだって現在の人だろう。過去の人にすがってどうする。松田さんには松田さんの未来が既にあり、それは降谷さんの未来と同じではないのだよ」

なんだかんだ言っても、私は松田さんがいつかは手伝ってくれると期待していたのだろう。そんな私の甘えに、赤井さんは厳しい現実を突きつけたのだ。くやしさと恥ずかしさで、私は黙り込んでしまった。

「そんな顔をするな。乗りかかった船だ、私も協力する」

社内で醜態を晒す寸前で、私は赤井さんの言葉に救われた。もっとも、〝この人のせい〟でもあるので、複雑な気持ちではある。

「引継ぎの際、後任者は〝仕事を守る〟という意識が強くなりやすいのは事実だ。守ることが目的である以上、前任者に委ねる部分が大きくなってしまうのも仕方がない。しかし、これから先、このような考え方で引継ぎをしていたら、会社は潰れてしまうよ」

「会社を取り巻く状況が変わったからですか？」

「その通り。なかでも一番大きな変化は〝スピード〟だ。仕事のサイクル、人の入れ替わり、技術の進歩など、何もかも今までとは比べものにならない速さで変化を続けている。このような状況の中で、過去の〝仕事を守る〟ことに注力することは極めてナンセンスだと思わないか？」

「確かにそうですね。私たちもそこには気がつきました。でも結局、松田さんの責任論になってしまって……」

「じゃあ仮に松田さんが、丁寧に仕事を引継いでくれたとしよう。その場合、君たちの意識はどうなっていると思う？」

「そりゃあ、感謝しますし、その仕事を忠実にやろうと……、あっ！」

「やっとわかったか？　君たちが気づいたように、引継いだ仕事は、現在、そして未来を見据えたものでなくてはならない。ただし、前任者が丁寧に引継ぎを行うと、後任者が過去に縛られることになりやすい。つまり未来に向かう仕事とは矛盾するのだよ」

「松田さんの不親切な対応は、降谷さんにとってはむしろプラス？」

「だろうね。チャンスと言ってもいい。彼にとって、できもしない松田さんの真似事をするより、自分なりの方法で仕事を変えていくほうが、よっぽどうまくいくはずだよ。有名な会社のカリスマ経営者ほど、事業承継がうまくいっていないだろう。あれはカリスマであるが故に、その影響力を残そうと、つまり〝守ろう〟としているからなんだ」

「では〝守る〟のではなく〝攻める〟ようにすればいいのでしょうか？」

「〝攻める〟というのは、あくまで過去からの延長線上にある考え方だ。〝これまでよりも向上させる〟といった具合に、多くの場合、過去が比較対象として存在する。だから悪くはないのだが、少し足りないな」

「じゃあ、どう考えればいいのでしょう？」

「私は君たちにヒントを三つあげたはずだが？　さっきから〝矢印〟の話がちっとも出てこないが、これについてはどう考えた？　まさか〝目的〟と〝時間軸〟の関係を思いついた勢いで忘れたんじゃないだろうな」

そういえばあったな〝矢印〟。矢印って「↓」、こんなやつだろう。他の二つを考えることに必死で、すっかり忘れていた。でも赤井さんに気づかれたら、どんな皮肉を言われるかわからないから、すっとぼけることにした。

「〝矢印〟ですか、もちろん考えました。考えましたが、私の頭では引継ぎと矢印をどうしても結び付けることができず……」

「まぁ、そういうことにしておこう。だが〝矢印〟が理解できなければ、引継ぎの本質に辿り着くことはできないよ。なぜなら矢印の向き一つで、人の思考や行動は変わり、さらに組織すら変化させてしまうのだからね」

「↓」、こんなやつが、それほど重要なものだとは思ってもみなかった。しかし、これをどう使えば人の思考や行動に影響を与えることができるのか、皆目見当がつかない。私の困惑を見透かしたように、赤井さんはまた話し出した。

「君たちはあと一歩で答えに辿り着く場所まで来ている。〝矢印〟だけを考えるのではなく、〝目的〟と〝時間軸〟も併せて考えてみなさい」

第三の視点「矢印」の意味

降谷さんと私は、赤井さんに言われた通りに考えてみることにした。〝目的〟と〝時間軸〟についての解釈は間違っていない。であれば、これらに〝矢印〟を加えることで、正解に辿り着けるはずだ。

「〝矢印〟と関係があるかはわからないのですが、赤井さんが松田さんを過去の人だと言ったときに、向きの話が出ませんでしたっけ？」

相変わらず、降谷さんは細かいところまでよく聞いている。降谷さんの言うように、なんか松田さんの話があって、そんで恋人の話になって……。

「そうだ、松田さんの気持ちが次の仕事に向いているって言っていました。これを矢印にすると、〝松田↓次の仕事〟、こんな感じですね。これに倣って考えれば、現在の人である降谷さんの場合は、〝降谷↓目的〟、ですかね？」

「それが一番単純でわかりやすいのですが、そもそも今回の話は、その目的設定のための情報収集でしたよね。私から矢印を引っ張ろうにも、その行き先である目的があやふやでいいのでしょうか？」

「確かにそうですね。〝攻める〟って目的も十分ではないと指摘されました。そういえば、この話のときも矢印と関係ありそうな内容があったような気が……」

「ああ、過去からの延長線上にあるって話ですよ。矢印にすると〝過去→目的〟ってことだと思います。でもこうしてしまうと、過去に縛られるから、過去の情報が十分にないと動けないのですよね。今の私たちみたいに」

時間軸とは〝過去から未来へ流れるもの〟、私はそう考えていた。しかし、この考えのままでは結局、過去に頼らざるを得ない。仮に、松田さんに現在の状況を聞けたとしても、それは〝過去（松田）→現在・未来〟なのだから、松田さんの後追いにしかならない。

それならば〝現在←未来〟、つまり〝矢印〟を逆に向けてみたらどうだろうか。まず降谷さんが思い描く未来を考え、その未来の実現に必要な情報に絞って集めることで、松田さんではなく降谷さんの考え方を軸にした目的設定ができるかもしれない（図3）。

「降谷さん、私たちは思い違いをしていたのかもしれません。時間は過去から未来へ進むものなのだから、〝矢印〟も常に未来のほうへ向いていると。しかし発想を逆転させて、未来を出発点として〝矢印〟を引っ張ってみればどうでしょうか?」

「なるほど、そう考えると情報収集の方法も変わりますね。赤井さんが矢印の向き一つで、人の思考や行動が変わると言っていたのは、このことかもしれません」

「つまり目的を設定するために、今、私たちがやるべきことは未来の情報を集めることですよね。具体的には何をすればいいのでしょうか?」

図3 "矢印"の向き

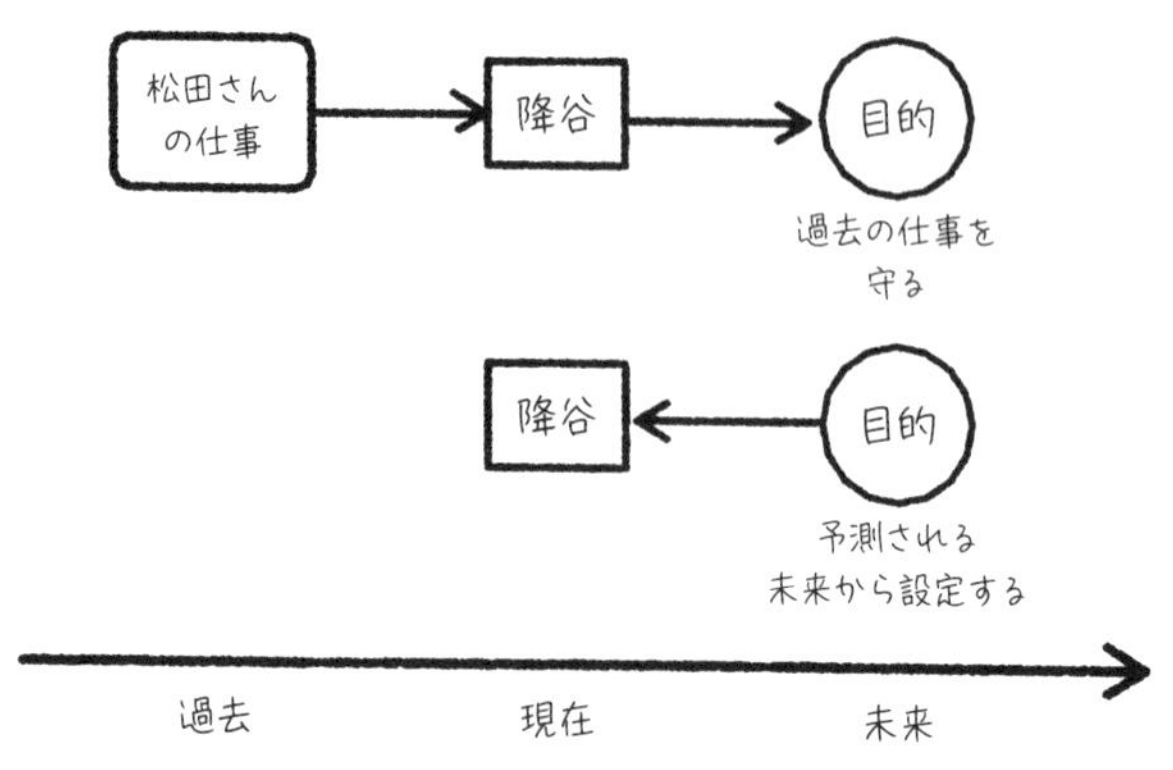

「案件によっても異なると思いますが、基本的には3年後、5年後、あるいは10年後の社会環境、そしてお客様を取り巻く状況の変化を予測することだと思います。そのためには松田さんが持っている過去の情報よりも、お客様に最新の情報を直接お聞きしたほうがよさそうです。また、お客様の情報だけではなく、似ている事例を調べることも必要かもしれません」

早速、私たちは松田さんから引継いだ案件について、過去の情報はいったん置いておいて、それぞれのお客様が未来に遭遇するであろう環境変化や、危機、チャンスなどについて検討をはじめた。もちろん、これらはあくまで予測でしかないのだが、自分たちが主導して動くことができている実感があった。

〝変化〟こそが、唯一の本質

「素晴らしいじゃないか。私が言いたかったのも、そういうことだよ。これで〝目的〟、〝時間軸〟、〝矢印〟のすべてが揃ったね」

赤井さんからお褒めの言葉が出た。どうやら私たちの答えは正しかったようだ。遠回りをさせられた気もするが、そのぶん多くのことを考えることができたし、自分たちで辿り着いたという達成感もあった。

「赤井さんのおかげです。これら〝三つの視点〟から考えると、これまで私たちがやってきたことが的外れだったように思えます。赤井さんに指摘されたように、思い込みに支配されていました」

「大切なことに気がついたようで何よりだ。では質問だ、君の考える〝引継ぎの本質〟とは何だろうか?」

「〝引継ぎの本質〟ですか? 教えていただいた〝三つの視点〟ではないのですか?」

「〝三つの視点〟は重要だが、本質ではない。いつだって本質は一つしかない。これまでの我々の話を振り返ってみれば、わかるはずだ」

これまでの話の中で常に出てきたこと、それは〝変化〟だ。考えてみれば、引継ぎというのは変化がスタートになっている。つまり担当者が変わることだ。これに伴い、多くのことを変えざるを得ない。

しかし、私たちの考え方の軸は、変化をできる限り少なくすることだった。真逆である。これが思い込みの正体であり、うまくいかなかった原因なのだろう。

「引継ぎとは……、変えること、つまり変化でしょうか？」

「正解だ。そう、引継ぎの本質は〝変化〟なのだよ。さて工藤くん、君は既に一つ変化している。それは何だと思うね？」

「私の〝考え方〟です」

「その通り。私は引継ぎに重要な変化が、三つあると考えている。その一つ目が〝考え方の変化〟であり、他の二つの変化の前提となるものといっていい」

そして赤井さんは、慣れた手つきでホワイトボードに〝考え方の変化〟についての解説を書きはじめたのだった。

第一章 「考え方の変化」の解説

まず、変えるべきもの

引継ぎの本質は〝変化〟であり、特に重要な〝変化〟が以下の三つとなります。

1. 考え方の変化
2. 仕事の変化
3. 組織の変化

これから各章で、ストーリーと解説を読み解きながら、三つの変化を理解していただきます。これらを理解したとき、すなわち本書を読み終えたときに、〝引継ぎの本質は変化〟であることが実感できていることでしょう。

この第一章で扱うのは、〝考え方の変化〟です。

Chapter
1

〝引継ぎ〟という仕事、そして言葉に対し、あなたはどのようなイメージがありますか？

多くの人は、あまりポジティブなイメージを持っていないようです。これは、本当は重要であるはずの〝引継ぎ〟という仕事が、職場で軽視されていることが原因です。

引継ぎは日常的に行われている業務の一つです。ただし多くの場合、前任者と後任者の当事者同士が、わずかな時間で行っているのが現状です。

私たちの調査から、引継ぎに十分な時間をかけることができた事例は全体の31％、また、マネージャーなど当事者以外の人が協力した事例は20％に満たないことがわかっています。これは引継ぎが組織の仕事として〝認識すらされていない〟ことを意味しています。

引継ぎの際、後任者はとても孤独です。他の人に相談することもできず、自分だけの力でなんとかしなくてはなりません。

そんな状況にもかかわらず、引継ぎの失敗は、組織や前任者ではなく、後任者に課せられることがほとんどです。それ故に、割に合わない仕事だと思われても

解説

仕方ないでしょう。

ではなぜ、この状況が放置されているのでしょうか？

日本企業の多くは、未だに終身雇用や職能資格制度を採用しています。これらの制度は、人が辞めることを前提としていません。つまり、社員は同じ職場で何十年も働くのだから、引継ぎなんて考えなくてもいい。あるいは引継いでも近くにいるのだから、わからないことは聞けばいいという固定観念が存在します。

しかし最近、人材の流動性が高まり、社内での異動だけでなく、転職する人も増えています。

昔は聞けば何でも答えてくれるベテラン社員がいたのかもしれませんが、今は1年も経てば、職場の顔ぶれがガラッと入れ替わっていることも珍しくありません。従って、日本企業が採用している古典的な制度は、現在の状況に適していないのです。

さらに今、日本企業は少子高齢化による人材不足に悩まされています。また技術革新により仕事に求められるスピードも上がる一方です。人材不足の状況で、人と仕事のサイクルが速まれば、当然ですが〝引継ぎ〟の頻度と重要性は増加します。

本書の冒頭でも述べましたが、〝引継ぎ〟によるトラブル、情報消失などの損失は、これまでより遥かに深刻となっており、もはや無視できない状況なのです。もし現在の状況のまま何も対策をしなければ、引継ぎのたびに生産性が低下し、その回復が十分でないまま、次の引継ぎが発生することになります。この負の連鎖によって組織、そして日本企業の生産性は低下し続けるでしょう。

だからこそ今、〝引継ぎ〟を見直さなくてはいけません。そのために最初に取り組むのが、〝考え方の変化〟です。

考え方を変える〝コツ〟

ストーリーにも出てきましたが、引継ぎに対して多くの人は、次のような考え

解説

を持っているようです。

・面倒な仕事
・時間がない中でしなくてはいけない仕事
・前任者の仕事を守るもの
・前任者から情報を受け取るもの
・うまくいかないのはコミュニケーションの問題

職場で引継ぎが軽視されてきた経緯から、このような考えを持つのは仕方のないことかもしれません。しかし断言しますが、これらは単なる思い込みです。この思い込みに支配されている限り、引継ぎが成功することはありません。

引継ぎは面倒ではなく、楽しい仕事です。時間は関係ありません。前任者の仕事を守るだけではうまくいかないし、情報は自ら取りにいく必要があります。コミュニケーションは重要ですが、引継ぎの成功失敗には直接関係ありません。ここで挙げたように、あなたの考え方を変えること、これが本章〝考え方の変化〟の目的です。

考え方を変えることは、簡単なようで難しいです。あなたがマネージャーなどの部下を育成する立場であれば、この難しさを実感したことがあると思います。そのため、ただ「考え方を変えましょう」と促したところで、ほとんど実効性はありません。

そこで本書では、考え方を変える〝コツ〟をお伝えしたいと思います。それがストーリーの中で工藤と降谷が取り組んだ「目的」、「時間軸」、「矢印」というフレームをつくることです。なおこの三つのフレームは、文字で理解するものではなく、絵を使います。

フレームの絵を描くといってもピンとこないかもしれませんので、実際に描きながらご説明します。

三つのフレームのうち、柱となるものは「時間軸」です。まず「時間軸」を描き、その中に「目的」や「矢印」、あるいは登場人物を付記していきます。

絵心がないと不安に思われる方もいるかもしれませんが、あくまでフレームですのでご安心ください。簡単に描くと図4のようになります。

解説

もっと細かく描く場合もありますが、基本的には過去、現在、未来の3領域を分けて描きます。難しいのは過去と現在、現在と未来の境界線ですが、これは人や仕事の状況によって異なります。

ただし人間の認識レベルを考慮して、「今日」から3日前、そして1週間先まで、これを合わせた10日ほどを「現在」とし、それより前は「過去」、これより先を「未来」にするとわかりやすいでしょう。

ストーリーに倣って、従来の固定観念に支配されている「過去スタートの引継ぎ」状態を描いてみましょう。先ほどの図4に付記すると、図5のようになります。

図4 「考え方の変化」フレーム・ベース

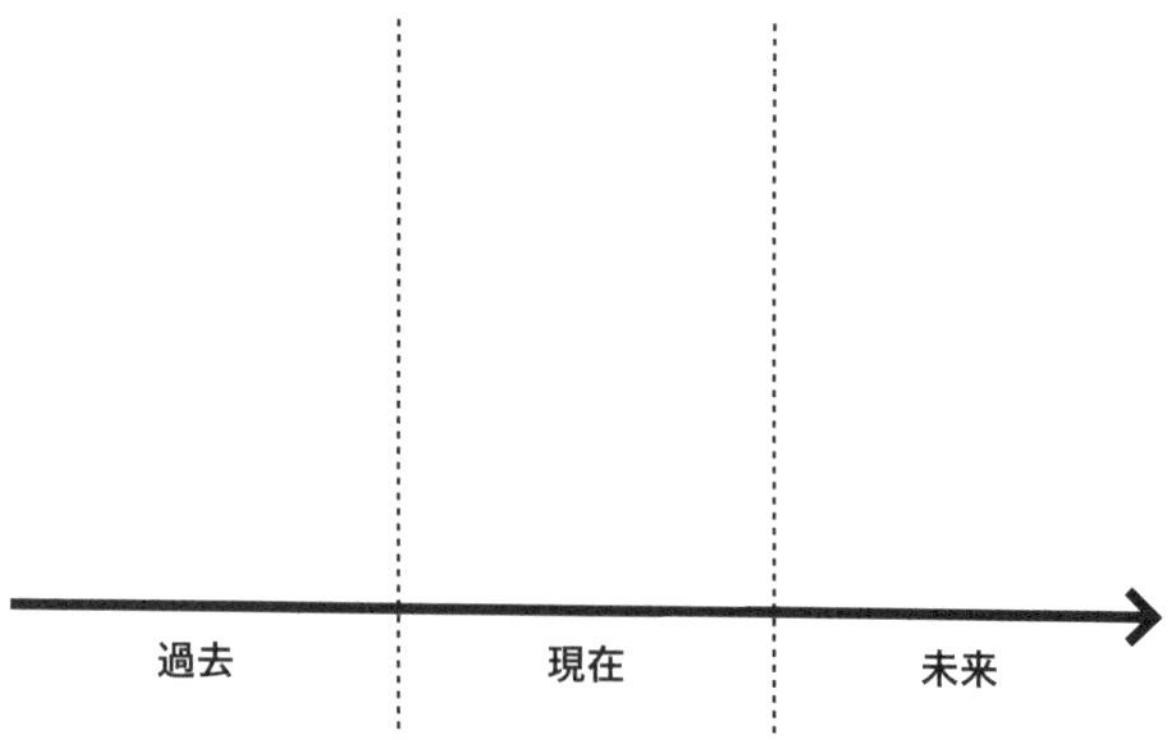

前任者から後任者に向かって矢印が伸びています。また後任者から未来に向かった矢印は、その仕事の延長線です。

図5のように引継ぎを行おうとすると、スタート地点は前任者です。そのため前任者が後任者に漏れなく仕事の情報を渡す必要があります。しかし残念ながら、ほとんどの事例において、この通りに進むことはありません。その理由は、スタート地点である前任者の対応が不十分だからです。

どんなに責任感が強く、誠実な前任者であっても100％満足のいく引継ぎ対応をしてくれるとは限りません。これはなぜでしょうか？

図5　過去スタートの引継ぎ

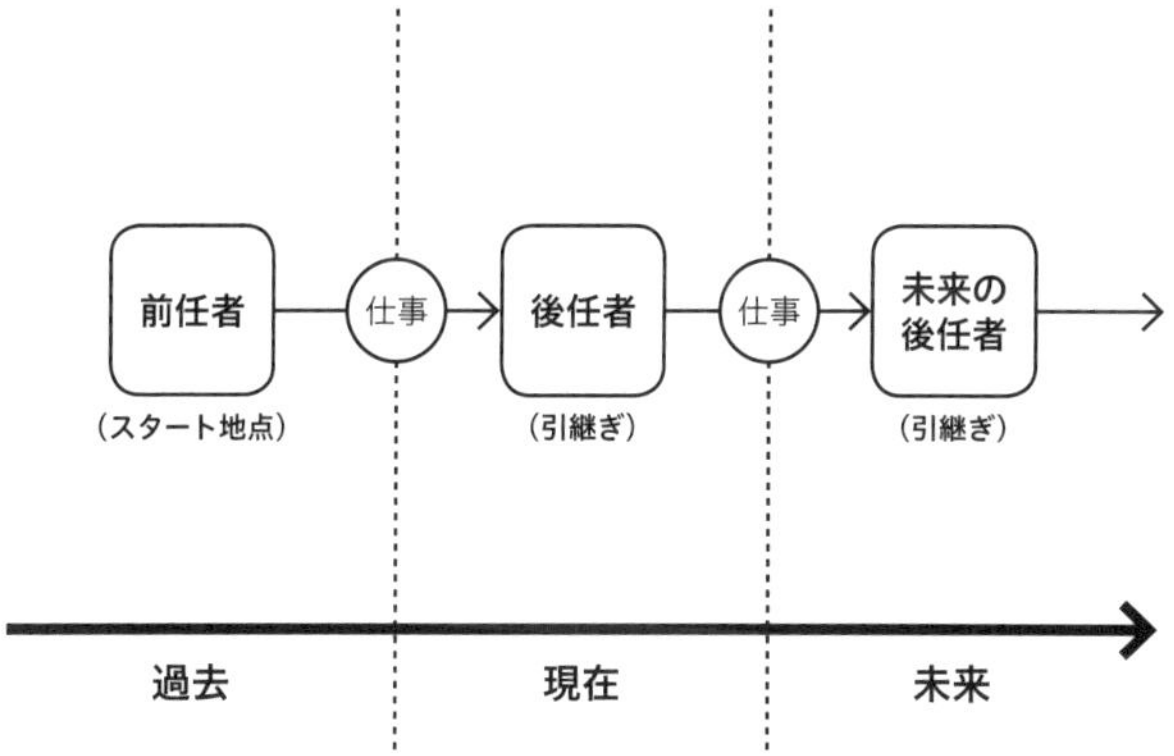

解説

理由は〝心の位置〟です。

「心ここにあらず」という言葉があるように、人間は常に〝心の位置〟を移動させながら生活をしています。自分にとって大切なもの、時間をかける意味を見出しているものに心を移し、それ以外のものからは心を離す。これを繰り返しているのです。

異動あるいは転職する前任者は、新しい仕事の準備をしなくてはなりません。また仕事だけではなく、自分の夢や希望に想いを馳せる場合もありますし、新天地への期待や不安を抱えているかもしれません。つまり後任者が引継ぐ仕事は、前任者にとっては既に心離れたものなのです。どんなに誠実な人でも、心離れたものに全力を尽くすことは難しいといえます。時間も、そして心も有限であるため、どうしても心が置かれているものに注力し、それ以外のものの優先順位は下がってしまいます。

〝心の位置〟をコントロールすることは極めて困難です。特に離れる前に戻ってもらうことは、ほとんど不可能です。愛想を尽かした、尽かされた恋人と、昔のような関係に戻ることが難しいのは、多くの人が経験していることではないでしょうか。そのため責任感や不誠実を理由にして、前任者を責めることはできません。そんな前任者をスタート地点として置くこと、および、前任者の丁寧な対応を期待する後任者のほうが間違っているのです。

なお〝心の位置〟は、注意の配分という心理学的な観点からの説明が可能です。この話は第二章で詳しく説明したいと思います。

前任者をスタート地点にできないのであれば、発想を変えなくてはいけません。つまりスタート地点を見直すのです。

時間は過去から未来へ流れていると考えるのが一般的ですが、引継ぎについては〝未来から逆算する〟ことが重要です。未来のあるべき姿、ありたい姿を検討し、それを目的にするのです（図6）。

まず、未来の姿である「目的」から、現在の「後任者」に矢印を引きます。当然ですが、左から右という従来の向きではなく、反対向きに引かれることになります。つまりスタート地点が未来の「目的」になるわけです。

解説

ストーリーでは、降谷が営業職であったため、未来の「目的」を定めるため、お客様を取り巻く状況の変化を予測することに注力しました。ただし、これは営業職に限ったものではなく、事務職も研究職も、その他のすべての仕事も同じです。できる限り多くの情報を収集し、訪れるであろう環境の変化を予測し、それに適応できるような自分たちの姿、すなわち「目的」を設定することが重要なのです。

なお、どの程度先の未来を考えるのかも重要なことといえます。できれば5年、10年先まで予測できるといいのですが、情報の不足や不確定さなどから、そこまで先は難しい場合もあるでしょう。仕事

図6　未来スタートの引継ぎ

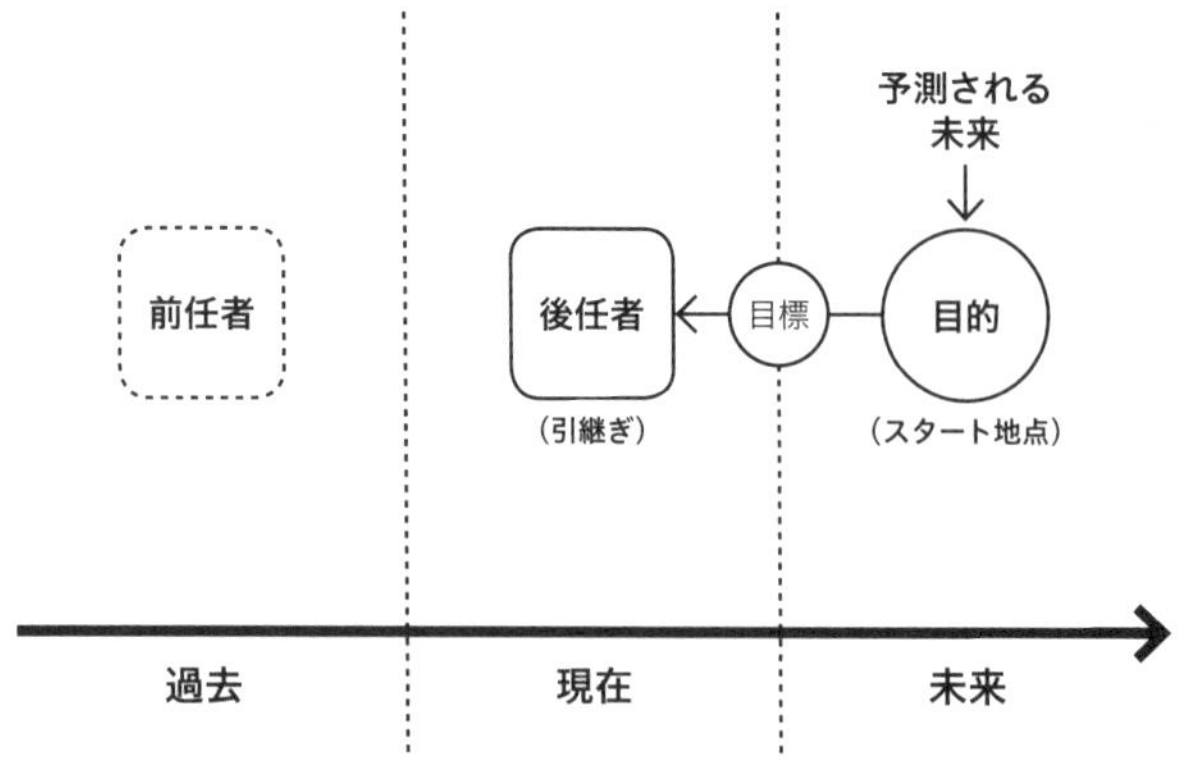

の引継ぎの場合、1～2年後を未来として設定すると考えやすいかもしれません。

このように未来の「目的」をスタート地点にすると、もはや〝前任者の仕事を守る〟という発想は、ほとんど出てきません。前任者に縛られることがないため、主体的に動くことができ、後任者のモチベーションが向上するという利点もあります。

なお、ストーリーには出てきませんでしたが、現在の「目的」をスタート地点とする考え方もあります。これまでと同様に図に付記してみましょう（図7）。

図7　現在スタートの引継ぎ

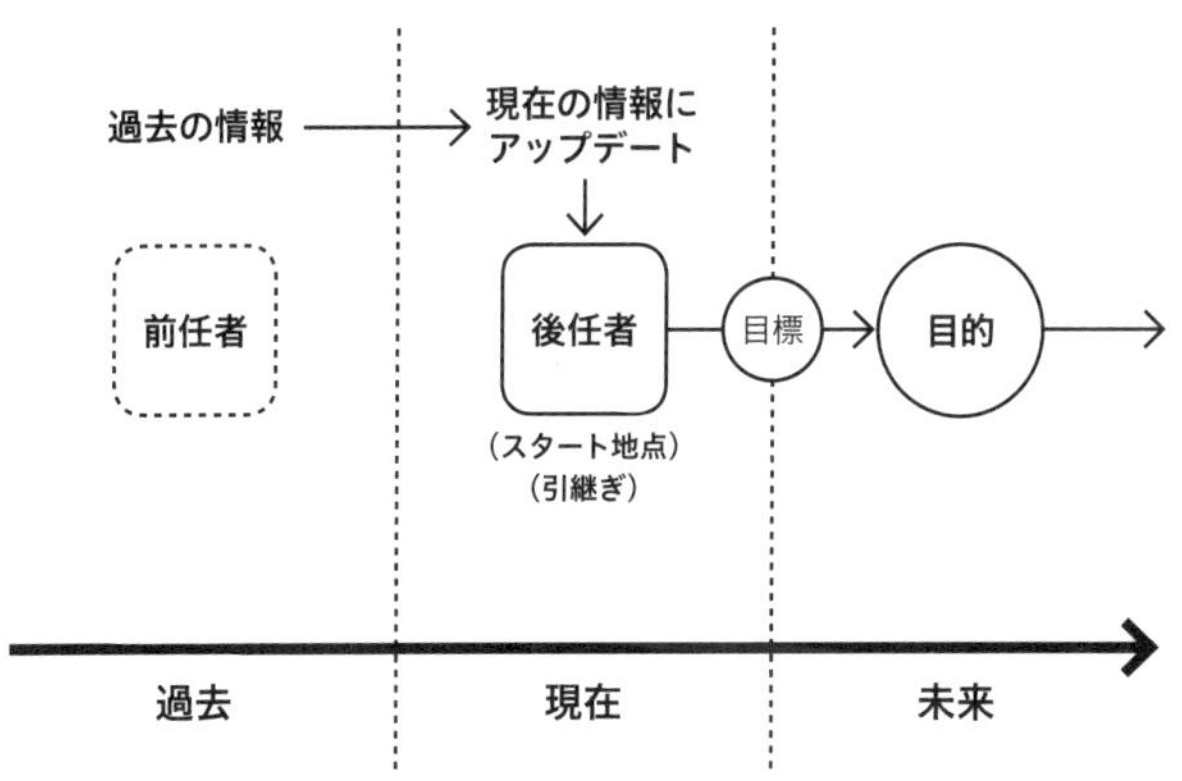

解説

従来の考え方に似ていますが、あくまで現在、つまり後任者を中心とする点が異なります。この場合、「目的」を設定するために、後任者は前任者に縛られず、現在の情報を集めることからはじめます。

前任者が持つ情報は確かに貴重なものです。ただし、この情報の〝鮮度〟について注意をしなくてはなりません。〝鮮度〟とはつまり、その情報が現在の状況に適したものかどうかです。

残念ながら、前任者が持つ情報は、現在の状況とは異なる、あるいは現在では通用しないかもしれません。なぜなら前任者は、自分がその仕事にもっとも深く関わっていた時期から、情報をアップデートしていない可能性が高いのです。そのため古い情報を鵜呑みにして、現在の「目的」を設定すると、本来の目的とは異なる方向に進んでしまったり、大きな失敗につながる場合すらあります。情報は常に最新のものにアップデートすることを心がけましょう。

最新の情報が収集できたら改めて「目的」を設定します。未来をスタート地点にする場合と異なり、逆算ではなく順算を用います。現在の状況を省みて、小さな目標を積み上げることで、辿り着く「目的」を考えましょう。

スタート地点を未来と現在、どちらにするかは、引継ぐ仕事の状況や性質によって異なります。未来の状況について、一定の予測が可能な場合には、未来をスタート地点とする方法を採用してください。ただし変化が激しく、未来の予測が難しい場合には、現在をスタート地点として順算的に目的を設定する方法が有効です。

もちろん前任者が最新の情報を漏れなく伝えてくれるのであれば、それを活用することも重要です。ただし繰り返し述べてきているように前任者をあてにしてはいけません。前任者を信用するなとは言いませんが、まずは前任者を切り離して考えるくらいの思い切りが必要なのです。

さらに私たちの調査によって、仮に前任者が丁寧な対応をしてくれた場合であっても、後任者が前任者に縛られずに自ら考え、行動したときのほうが引継ぎの成功率は高いことがわかっています。つまり状況にかかわらず、引継ぎにおいて前任者に振り回される必要はまったくないのです。

前任者に振り回される必要がないことは情報だけでなく、仕事の仕方にも当

解説

てはまります。ストーリーの中で、降谷は松田と自分の違いを理解していました。これと同様に、あなたが前任者から仕事を引継ぐときには、その人と同じ方法で仕事をする必要はありません。なぜなら、前任者とあなたは同じ人間ではなく、同じ会社、同じ部署であっても、性格や適性には必ず違いが存在するからです。

例えば、「前任者はお酒が好きで、先方の担当者とよく飲みに行っていた。ただ自分はお酒が弱いので、あまり付き合えない。こうなると先方の印象が悪いのではないか……」などと考える人もいるかもしれません。

確かに、仕事というのは様々な要素で構成されているため、そういった付き合いも仕事の一つと捉えることはできます。ただし、それができないからといって仕事にならないと考えるのは、それこそ前任者に縛られていることに他なりません。

もし前任者がお酒の席での付き合いを得意としていたのであれば、その部分はあなたが得意な仕事で補えばいいのです。わかりやすい資料をつくる、斬新なアイデアを盛り込むなど選択肢はいくらでもあります。できもしないことを無理にするよりも、自分らしいやり方を見つけて、そこに力を入れるほうがうまくいく可能性は高いはずです。

なお先ほど述べたように、スタート地点が未来の場合、矢印は右から左です。そして現在の場合は左から右です。しかし、矢印の向きは水平ではなく、斜め右、あるいは真上に近い形で考えるべきです。この話も次の章で詳しく述べます。

第二章

仕事の変化

［ストーリー］引継ぎに失敗した後任！

「なんだか希望が出てきました」

　降谷さんの表情は数日前とは明らかに違っていた。赤井さんに〝考え方の変化〟を教わったことで、松田さんからの引継ぎに自信が持ててきたようだ。

「実は前から、松田さんのやり方には問題があると思っていました。今までは成果が出ていましたけど、彼のやり方では、今後、うまくいきませんよ。私だったら、もっとこう……」

　そして降谷さんは、自分でまとめてきた新しい仕事の方法についての資料を取り出し、私に話しはじめた。

　その内容は、よくできてはいたものの、私は松田さんのやり方を強引に変えようとしている印象を受けた。しかし、これを指摘すると、やっと自信を持ちはじめた降谷さんの気持ちに水を差すような気がしたので、黙って聞いてしまった。

それから1週間、降谷さんは自分のやり方を試してみると言い、一人で仕事を進めていた。その間、私はいつもの事務作業に追われていた。しかし翌週月曜日の朝、降谷さんが真っ青な顔で私のデスクにやってきた。

「工藤さん、まずいことになりました。自分なりに目的を考えて、松田さんから引継いだお客さんのところに行ったのですが、失敗してしまいました」

「え、本当ですか？　具体的にはどのような失敗を……」

「そのお客さんとの契約内容について、資料を基に私の考えを述べました。変更すべき点や、追加することなどについては誤解のないように細心の注意を払いました。しかし先方は最初こそ話を聞いてくれていたのですが、しばらくすると止められてしまって……、呆れた表情で商談を打ち切られてしまいました」

「何がよくなかったのですか？」

「それがわからないのです。私の資料は、松田さんのものよりも緻密なはずです。先方の利益を損なう内容も入っていませんし、時間をかけて丁寧に話しました。赤井さんは〝変化させろ〟と言いましたが、やはり変えてはいけなかったのでしょうか」

私はすぐに返答できなかった。降谷さんが失敗したのは事実だが、赤井さんが的外れなことを言うとも思えない。私たちは彼から〝考え方の変化〟を教わった。しかし、それは一つ目の〝変化〟であり、あと二つ残っている。そのどちらかに、降谷さんの失敗の原因があるのではないだろうか。

その疑問を解消すべく、私は赤井さんのデスクに向かった。

「そうか失敗したか、ちょっと焦ってしまったようだね」

赤井さんは、表情を変えずにそう言った。彼のことだ、おそらく降谷さんの行動、そして結果まで予測していたに違いない。

「赤井さんの言う三つの変化のうち、私たちはまだ〝考え方の変化〟しか教わっていません。降谷さんは他の二つの変化が足りなかったから、失敗したのでしょうか？」

「よくわかっているじゃないか。考え方だけですべてが変わるなんて、ビジネス啓発書の読み過ぎだよ。確かに〝考え方の変化〟は三つの変化の中でも最も基礎的なものであり、最初に知らなくてはならない。しかし、他の二つの変化が伴わなければ、机上の空論、砂上の楼閣だよ」

「なんで最初から全部教えてくれないのですか？　降谷さんが失敗したのは赤井さんのせいですよ」

「また人のせいか、君も懲りないね。物事には順序というものがある。家を建てるのに、屋根からつくりはしないだろ？　考え方の変化すら理解できていない君たちに、第二、第三の変化を教えたところで混乱するだけだ」

「でも赤井さんは、スピードが求められる時代になったって言いましたよね。できるだけ速く、効率的にやろうと考えるのは間違っていないはずです」

「速く、効率的にか……、それは正しいよ。しかし、君が求めているのは〝楽に〟だよ。要は手抜きがしたいだけ。それを体裁のいい言葉でごまかしてはいけない。降谷さんにしたって、そうだろ。松田さんのやり方は古くて、自分のやり方は新しいと言っているようにしか聞こえない。前任者への敬意を忘れ、新しいだけの楽な方法に逃げている」

　赤井さんにしては珍しく、苛立ちが表情に出ていた。確かに最近、泥臭い仕事の仕方を根性論として揶揄するなど、昔のやり方を否定する風潮があることは事実である。そして若い社員は、生産性を上げろという号令の下、効率的や合理的などの言葉を使うことで、自分たちの正当性をアピールしている。

しかし現実を見れば、日本企業の生産性は上がっていないし、過剰な効率化はむしろ生産性を下げる原因でもあるらしい。恥ずかしながら私も流行に踊らされていたのだ。

考え方とは内側、では外側とは?

「失礼、少し言葉がきつかったね、お詫びにヒントを教えよう。引継ぎの本質が〝変化〟であることは既に伝えた。その一つが〝考え方の変化〟であり、これは人の内側が変わることを意味している。それでは次の変化は何だと思う?」

わからないから教えてもらいにきた私の意向を完全に無視して、また聞き返されてしまった。〝考え方〟が人の内側なら、次も同じなのだろうか。だとしたら……。

「同じ内側って意味であれば、〝意志〟とか〝感情〟の変化でしょうか?」

「さすが心理学に詳しい工藤くん、そこに目をつけるところはさすがだよ。

でも、今回についてはハズレ」

心理学の博士号を持っている赤井さんに言われても皮肉にしか聞こえないが、返す言葉が思いつかなかったので、次の変化を真面目に考えることにした。〝考え方〟と同じ人の内側の変化ではないってことは、つまり……。

「人の外側の変化？」

「そう。目に見える変化だよ。当然、我々ビジネスに携わる人間にとって、それは仕事そのものが変わることを意味する」

「二つ目は〝仕事の変化〟ということでしょうか？　でも降谷さんは仕事を変えようとして失敗しました」

「降谷さんがしたのは、〝仕事の変化〟ではなく〝前任者の否定〟だ。似ているようだが、これらはまったく違う。さらに今回の場合、松田さんにはお客様と長い時間をかけて築き上げた信頼関係や仕事のやり方があり、お客様にも深く関与しているはずだ。それにもかかわらず、唐突に新しいものを出されては、お客様まで否定することにもなりかねない。自分が苦労して積み上げたブロックを、急に壊されて気持ちのいい人間などいやしないよ」

赤井さんは、降谷さんに対して私が感じていた疑問を、そのまま指摘してくれた。

〝考え方の変化〟において、前任者の仕事を全面的に信じてはいけないと理解していたが、それは決して前任者を否定することではなかったのだ。もちろん仕事のやり方や進め方については結果的に否定することになる場合もあるだろう。

しかし今回、降谷さんがやろうとしていたことは松田さんそのものの否定であり、純粋に仕事に向き合っていたとはいえない。

「なにもすべてが間違っていたわけではないよ。何度も言うように、〝引継ぎの本質は変化〟だからね。ただし、そのためには慎重にならなければいけないこともある。だから二つ目の変化である〝仕事の変化〟において、最初に取り組まなければならないのは〝変えてはいけないものの確認〟なのだよ」

「変えることは重要だけど、変えないこともあるということですよね。それはよくわかります。でも変えてもいいものと、変えてはいけないものって、どのように区別するのでしょうか？」

「そんなに難しくないよ。仕事に関わる人、例えばお客様、上司や同僚との間で交わされている決まりごとやルールは変えてはいけない。簡単に言えば〝約束〟だね。裏を返せば、それ以外のことは変えていい」

「え、〝約束〟だけですか？」

「〝約束〟だけとは簡単に言ってくれるね。契約書などのわかりやすい〝約束〟はともかく、口約束や暗黙の了解など形にはなっていない〝約束〟も存在するだろう。これを軽く考えていると降谷さんのように痛い目に遭う」

それから降谷さんと私は、赤井さんから〝約束〟の考え方について教わり、まず自分たちが持っている情報の中で〝変えてはいけないもの〟を整理してみた。そこで感じたことは「思ったよりも少ない」ということだ。これなら、それほど縛られずに動くことができるかもしれない……。

〝約束〟だけは変えない

私と降谷さんは、松田さんがお客様と交わした〝約束〟について改めて確認することにした。赤井さんから教わったように、ここでの〝約束〟とは公式的なものだけでなく、非公式なもの、つまり口約束なども含まれる。

「松田さん、◯◯社との仕事ですが、先方の担当者と約束したことってありますか？」

降谷さんの質問に、松田さんは不思議そうな顔をした。

「約束？ 契約のこと？ それなら引継ぎフォルダの中に書面が入っているよ」

「それは確認しました。ですが、それだけではなく松田さんと先方の間で交わされた口約束や、仕事のやり方で合意している決まりごとなどです」

「ああ、そういうことか。◯◯社っていうと、担当は△△さんだよね。あの人は凄く忙しい上に、お子さんがまだ小さくて時短勤務だからさ、会社でやれることが限られているんだよ。だから商談では、要点だけをまとめて話して、詳しい内容が書かれた資料は渡すだけ。その資料について、後で質問を受けるってことにしているんだ」

つまり先方が怒ったのは、商談の内容ではなく、進め方だったわけだ。限られた時間しかないのに、降谷さんが商談の場で、資料をじっくりと説明し出したら困るのも確かだ。

降谷さんの資料が悪かったわけではないとわかり、少しほっとした。せっかくなので他の案件についても同じ聞き方で松田さんに確認してみたところ、いろいろと教えてくれた。今までは聞いても面倒くさそうにしていたくせに、今回はいやに饒舌だ。単に今日は機嫌がいいのか、それとも何か松田さんに刺さる聞き方があったのか、そのときの私にはわからなかった。

数日後、○○社から降谷さんに資料についての問い合わせが入った。かなり細かく聞かれていたが、資料の内容を否定するような質問は一つもなかった。つまり降谷さんが提案した内容については受け入れられたのだ。

それから降谷さんは、松田さんから聞いた〝約束〟だけは変えないように、引継いだ会社の仕事に精力的に取り組んだ。多くの会社は、松田さんが辞めることは残念がっていたものの、熱意を持った降谷さんの提案に、耳を傾けてくれたようだった。

さっそく、これを赤井さんに報告してみた。

「しかし不思議なのですが、今まで引継ぎに関して情報共有をお願いしても、ろくに話をしてくれなかった松田さんが、なぜ、今回は対応してくれたのでしょうか。しかも話をしているとき、とても楽しそうでした」

「それはね、〝約束〟が人と人との間で交わされるものだからだよ」

「さっぱりわかりません。それが今回の件と何の関係があるのですか？」

「〝考え方の変化〟で、松田さんは過去の人、降谷さんは現在の人という話をしたね。また過去の人にとって、自分とつながっていない未来には興味がないことも。ただし、過去の人にとっても、なかなか捨てられないものがある。それが人と人との記憶なんだ」

「なんか赤井さんにしては、ずいぶんとロマンチックな話ですね」

私の言葉を無視するように、赤井さんはホワイトボードを使って、記憶に関する講義をはじめた。

「短期・長期記憶とか宣言的記憶など、記憶の分類方法はいくつかあるが、私は仕事での実用性を考慮すると、過去と未来で分けるとわかりやすいと思っている。今回は過去の記憶についてだ。専門的にはエピソード記憶や回想的記憶、そして、これらの中で自分が関わった印象深い出来事に関する記憶を〝自伝的記憶〟と呼ぶ。これまで松田さんの口数が増えたのは、過去の話をするときではなかったかい？」

私はうなずいた。確かに私たちの話に松田さんがのってきたのは、過去の武勇伝、そして今回の約束についてのみで、他の話はほとんどしてくれなかった。しかし、このことに理由があるなんて考えもしなかった。

「私たちは過去の記憶を大事にする。さらに人と人との記憶は特別な意味がある。これには理由がある。例えば工藤くん、君は自分が自分であることをどうやって証明する？　ただし運転免許証などの公的な証明書を使うことなしでだ」

「家族や友達に証言してもらいます」

「その人たちは、なぜ、君が君であると証言できるんだ？」

「付き合いの長い人なら、すぐにわかってくれますよ」

「そう、君が君であることを証明してくれるのは、他者の中にある君の記憶なんだ。もし誰も君のことを覚えていなかったら、君は自分の存在を証明することができない」

「つまり自分の存在を証明するために、人と人との記憶が必要だということですか？」

「その通り、これは松田さんも同じ。たとえ次の仕事に意識が向いたとしても、過去に自分が関わった人との記憶は大事にしようとする。人間ってのはね、自分の存在を証明したいという欲求が何よりも強いんだ」

言われてみれば承認欲求も自己実現も、行き着く先は存在証明なのかもしれない。松田さんが過去の話に限って饒舌で楽しそうなのも、自分の存在証明を行っているからと考えれば納得がいく。

「思い出話が盛り上がるのも、過去の記憶を共有し合うことで、互いの存在を確かめることができるからだよ」

赤井さんは〝変えないもの〟を見つけるために、人と人との記憶を使えと言っていた。正直、目から鱗の話だったが、こんな方法があるなら、もっと早く教えてくれれば、松田さんから効率よく情報を取れたと思う。でも、これを言うとまた逆鱗に触れる気がするので、私は黙って聞いていた。

仕事そのものを成長させる

「さて、ここからが本題だ」

珍しく赤井さんから声をかけてきた。いよいよ〝仕事の変化〟について教えてくれるらしい。

「〝仕事の変化〟と言いつつ、前回までは〝変えてはいけないこと〟について説明した。矛盾しているように聞こえるかもしれないが、これも仕事を変えるために重要なのだとわかって欲しい」

「でも仕事を変えるって難しいですよね。仕事の内容によっても違うし。例えば、営業の降谷さんと、人事の私では仕事は全然違います。今回、降谷さんが引継いだ案件も、まったく同じものなんてないし……」

「私がクライアントなら、『ケースバイケースです』なんて口にする営業やコンサルタントは信頼できないね。そんなの当たり前じゃないか、むしろまったく同じ仕事があるなら見せて欲しいくらいだ」

「先日の○○社の件では、降谷さんの提案について概ね承認が得られています。松田さんの仕事を彼なりに変えたのでうまくいったのではないでしょうか」

「そうかもしれない。ただし降谷さんの提案内容は、松田さんのやり方を否定する形だったね。降谷さんは、どのような気持ちでその資料をつくっていたのだろうか？」

「そうですね、私の目には、とにかく松田さんのやり方を変えることに力を入れていたように見えました」

「つまり目的は、〝変えること〟だったわけだ。それならば、うまくいったのは〝たまたま〟だね。まさか他の案件も同じようにやってないよな？」

「他の案件については、まだ〝約束〟を守っている段階です。○○社のことがあったので、降谷さんも大きく変えるのは抵抗があるようです」

「それは良かった。同じようにやっていたら、必ず何社かは失敗しただろう。確かに私は、〝引継ぎの本質は変化〟だと言った。しかし変えること自体が目的になってはいけない。無理やり変えようとしてもうまくいくはずがないんだ。いつだって〝目的〟と〝時間軸〟、そして〝矢印〟を考えなくてはならない」

この三つは、〝考え方の変化〟のはじめに赤井さんがくれたヒントだ。あのときは、これらの視点から物事を見ることで、引継ぎに対する根本的な考え方が変わったのだ。てっきり、〝考え方の変化〟だけで使うテクニックだと思っていたが、どうやら〝仕事の変化〟においても重要らしい。

「〝仕事の変化〟と聞くと、イノベーションという言葉を想像するかもしれない。しかし、この言葉を聞くようになって何年も経つが、イノベーションを実現できている日本企業はほとんどない。その理由は〝変えること〟が目的となってしまっているからだよ」

「確かに〝変えること〟が目的になると、本当に大事なものまで変えてしまうかもしれません。そうか、だから赤井さんは先に〝変えてはいけないこと〟の話をしたんですね」

「まあ、それだけじゃないけどね。では、引継ぎにおいて仕事を変えるとは、どういうことだと思う？」

「仕事をよりよくすることとか、売上を伸ばすこととか？」

「それらも間違ってはいないが、仕事が変わらなかったとしても実現できるかもしれないことだね。ここで考えて欲しいのは、仕事を変えなくては実現できない、到達できないことだよ」

「難しいですね、変化って必要に迫られたから生じるものだと思っていました。だからまず適応しなくてはならない環境があって……」

「なんだ、わかっているじゃないか。適応というのは、まさに変化だよ。私は生物学者じゃないが、進化も似た意味として捉えていいだろう。だが、これらの言葉はわかりやすく、かつ馴染みのあるものに置き換えることができる。それは〝成長〟だよ」

変化とは〝成長〟。つまり引継ぎにおいて仕事を変えるとは、仕事そのものが成長することを意味するようだ。さらに引継ぎの本質が変化なのだから、そもそも引継ぎは、成長のためにあるのかもしれない。

「でも赤井さん、仕事が成長するってどういうことでしょうか？　人が成長するっていうのはわかるのですが、仕事って言われても……」

「昔は、駅の改札に駅員が立っていて、一人ひとり切符を切ってもらっていただろ？　でも自動改札機が導入され、切符は機械の中を通るようになった。さらに電子化が進んだことで、そもそも切符というモノ自体がなくなりつつある。その結果、私たちは昔よりも遥かに速く、また大量の人が改札を通ることができるようになった。この事例の場合、仕事はどのように変化したと考えられる？」

「切符を切るという仕事は消滅しました。それに代わって、自動改札機を開発したり、それを点検する仕事が増えたと思います」

「その通り。技術の進歩によって不要な仕事は淘汰され、仕事そのものが違う形に変化した。また利便性や効率から考えても、いまさら切符を切る仕事が復活するとは考えにくいだろう？　成長とは過去に戻れない、不可逆的なものだからね。だから改札の仕事が自動化されたのは、〝成長〟だと私は考えている。駅員さんに切符を切ってもらう風情はなくしたがね」

「よくわかりました。つまり〝考え方の変化〟のときと同じで、現在の状況を踏まえて、未来を予測する。その未来、すなわち成長すべき仕事の姿から逆説的に考え、仕事の方法や形態、在り様までも変えることが仕事の変化ということですね」

相変わらず回りくどい説明だったが、仕事が成長するというのは面白い考え方だ。また生物の成長とは異なり、目指す未来によって、まったく違う形になることも〝成長〟と呼ぶのは赤井さんの哲学なのかもしれない。

「さらに〝考え方の変化〟で使った矢印は、左から右、あるいは右から左だった。しかし仕事を変える、仕事を成長させると考えると、その向きにも違いが出てくる」

「上ですか？」

「または斜め上だ。つまり単に時間軸の流れに平行に進むのではなく、引継ぎのタイミングで仕事のレベルを引き上げること。これが〝仕事の変化〟に取り組む上で、もっとも重要なことなんだ」

そして赤井さんは、ホワイトボードに〝変化を生む引継ぎ〟の図を描いた（図8）。

仕事の変化のための〝技術〟とは？

「確かに、引継ぎで仕事のレベルを引き上げられれば素晴らしいと思います。ただ実際の仕事を考えたら、赤井さんが言うほど簡単にできるとは思えません」

今回の件で、降谷さんのような現場の最前線に立つ人の気持ちがわかって

図8　変化を生む引継ぎ

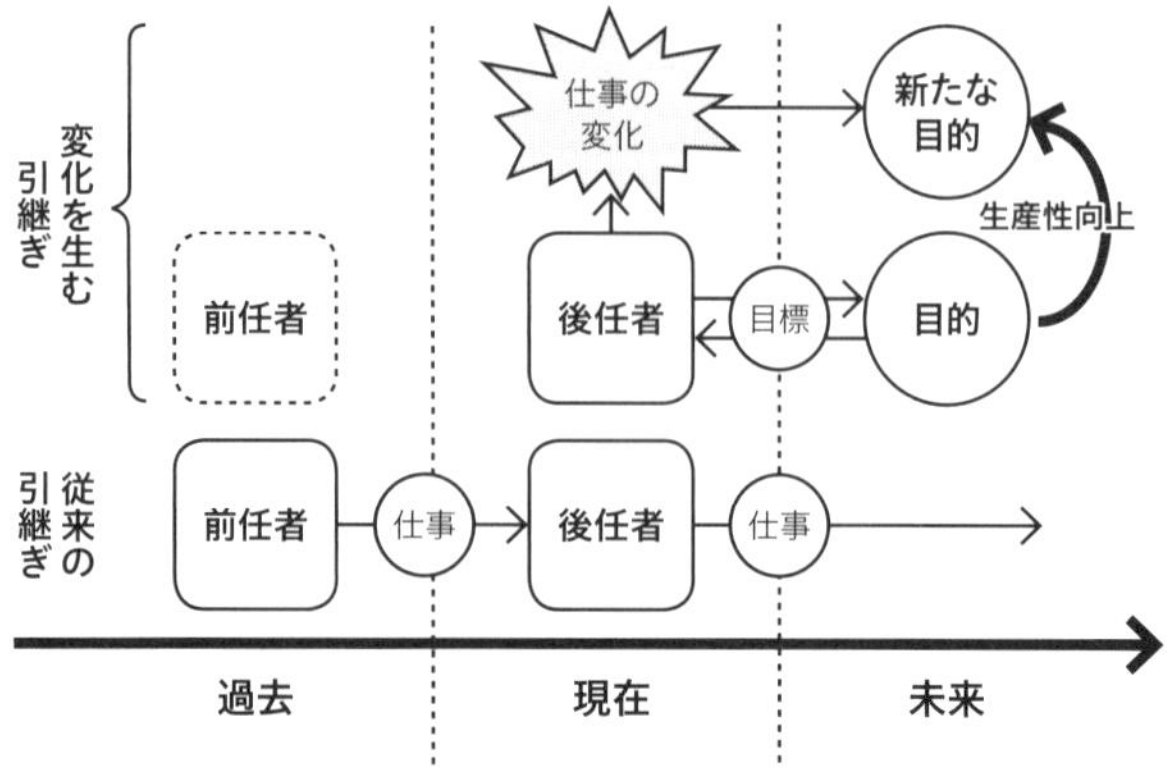

きた私は、赤井さんに少し抵抗をしてみた。

「君がそう感じるのも無理はない。前にも言ったように、日本企業でこの現実を変えられない状況が続いているのも事実だ。しかし難しい、できないと言ってしまっては何も変わらないだろう。誰かがやらなくちゃいけないなら、自分がやるんだよ。みんなが誰かがやることを待っていたら、誰もやりはしない」

「おっしゃる通りです。ただ、もう少し具体的な方法を教えていただけるとありがたいです。〝考え方〟の変化については、三つの視点を使うことで変えることができると感じました。でも仕事っていろんな人が関わるもので、今なんとかしなくちゃいけないことばかりです。〝考え方〟のように自分だけで完結できて、緊急性もないことには使えても、仕事そのものには使える気がしないのですが……」

「なるほど、君が欲しいと思っているのは仕事を変える〝技術〟なんだね。私は、自分の中での物事の見方、つまり認識が変わらなければ技術も身につかないと思っている。しかし、技術を知ることで認識が変わることもあるかもしれないね」

「そうお考えになっていただけるとありがたいです」

私はなんとか赤井さんを説得することができた。ここまで粘ったのは、赤井さんから教わったことを降谷さんに伝えなくてはならない私の立場として、抽象的な話を説明する自信がなかったからだ。

「私が君たちに教えられる技術の中で、最も重要なものは〝注意のコントロール〟だよ」

「〝注意のコントロール〟ですか？　注意ってミスを指摘されたり、指導されたりするあの注意？」

「その注意は、ａｌｅｒｔとかｃａｕｔｉｏｎなどの注意だね。日本語だと同じ注意という言葉だが、今回の注意は、注意深いとか、ミスしないように注意を払うとか、そっちのほうだね。英語だとａｔｔｅｎｔｉｏｎのほうの意味だよ」

「なんだか難しそうですね」

「そんなことはないよ、極めて身近で、日常的なことさ。注意というのは、言葉の通り〝意を注ぐこと〟なんだ。つまり何かの対象に意識を向ける行為、あるいは向けている状態を意味する。例えば、君は今、私の話を聞いているよね。これは私の話という対象に注意を向けているということになる」

「わかります。でもそれって勝手にそうなっているだけであって、コントロールできるものなのでしょうか？」

「多くの人はそう考える。いや、そもそも自分の注意の状態を意識することすらしない。しかし注意を意識化し、コントロールできるようになると仕事や生活すべてが劇的に変化する。私もその恩恵を受けた一人だよ」

赤井さんは普段、人に弱みを見せないし、プライベートも謎。注意のコントロールに恩恵を受けたってことは、誰かに助けてもらったことがあるのだろうか。個人的には好奇心がそそられる話なのだが、聞ける雰囲気ではないので黙っておくことにした。

「〝注意のコントロール〟は、仕事はもちろん、様々な状況で有効な方法なのだが、今回は話を広げ過ぎないように〝仕事の変化〟に関することに限って話すことにしよう。まずコントロールというからには、注意を意識化しなくてはいけない。そのために今からあるワークに取り組んでもらう」

赤井さんから言われるままにレクチャーを受け、私は降谷さんも誘って、「注意の意識化ワーク」というものに取り組んだ（詳細は後述）。本来は1週間とか1カ月間やるものらしいのだが、いかんせん切羽詰まっている状況から、2時間という超短時間でのワークとなった。

「こんな風に自分の注意を考えたことはありませんでした」

降谷さんは楽しそうにワークに取り組んでいる。もっとも今回のワークについては、私も降谷さんと同じくらい関心を持っている。

注意というのは、本来、形のないものだ。しかし意識化してみると、まるで生物のように動き回り、私たちの仕事や生活に強く影響していることに気づかされる。こんなに身近なものなのに、なぜ、今まで私たちはその存在すら認識していなかったのだろう。

「降谷さんは、注意が向きやすい対象ってありましたか？」

自分のワークが途中だったものの、興味本位で降谷さんに聞いてみた。

「私は時間ですね。常に時間を気にしていることに気がつきました。例えば、今まで意識していなかったのですが、通勤の電車の中で、今この駅に停車しているから、あと10分で着くとか考えているんですよ。電車の中なのだから、時間を計算しても早く着くわけではないのに、ずっと計算している。これって無駄だなって思います。工藤さんはどうですか？」

「私は……、人間ですかね。人事部にいることと関係するかもしれませんが、常に人の行動や考えが気になってしまいます。電車の中で降谷さんが時間を気にしているとき、私は乗客の様子を観察しています。寝ている人、落ち着かない人、本を読んでいる人など、いろいろな人がいて面白いですよ」

私と降谷さんは、こんな話をしながら、ワークシートを埋めていった。しかし、このワークシート、書く欄がそんなに広くない。もし超人的な頭脳の持ち主がいて、聖徳太子みたいに一度に多くの対象に注意を向けることができたら、どうするのだろう。そんな疑問を持ちながら、2時間後、降谷さんと私は完成したワークシートを赤井さんに見せに行った。

いかに〝注意〟を配分すべきか？

「よく書けているじゃないか。2人とも注意の意識化を体感することはできたかな」

「はい、できたと思います。私は注意というのは頭の中に入っている水のようなものだと感じました。興味関心のある対象のほうに流れていったり、たまに波打って頭を混乱状態にさせたり、とにかく流動性の高いものなのだと。ただ一つ、疑問があるのですが、この注意の量は人によって違うのでしょうか。例えば赤井さんは私より賢いので、注意を向けることのできる対象も多いとか……」

「私は工藤くんよりも賢いとは思わないし、注意を向けることのできる対象も大きな差はないと思うよ。でも注意に量の概念があることに気がついたことは、大事なことだ」

赤井さんは褒めてくれたが、彼のことだから、それに気がつくようにワークを設計しているに違いない。

「君が言うように、注意は量で表すことができる。つまり注意は有限なんだ。人によって多少の差はあるものの、一度に注意を向けられる対象は限られている。貴重だが有限なもの、すなわち注意は資源として扱うことができる。学術的に〝注意資源〟という言葉もあるくらいだ」

〝注意資源〟という言葉に、私は妙に納得することができた。学術的なことはわからないが、注意を意識化するワークを通して、体感的に理解していたからだろう。ビジネスで資源といえば、ヒト・モノ・カネを経営資源として考えるのが有名だが、注意はこれらと同じくらい価値のある資源なのかもしれない。

「さて、注意の意識化を体感し、それが有限な資源であると理解できたのなら、次のステップである〝注意の配分〟に進もう。配分とはすなわち、注意を向ける対象を選び、配分する量を調整することだ。注意を意識化するワークを通して、君たちは自分の注意がどのように配分されているか気づいたことはあるかい」

「私は時間、工藤さんは人間に関することに注意を多く配分しているようでした」

即座に降谷さんは答えた。ワーク中の雑談も捨てたものじゃない。

「2人の性格をよく表しているね。そう、人間は自分の興味関心のあることに注意を多く配分する傾向がある。降谷さんは、もともときっちりとした性格で時間にも厳しい。さらに今回の引継ぎの件で、常に切迫された状況に置かれている。であれば時間に注意が向きやすくなることは合理的に理解できる。工藤くんは、まぁ、そのまんまだね」

私は赤井さんの目にはどう映っているのだろう。しかし注意の配分に個人差があることは理解できる。

「このように自動的に配分されている注意を、自分の目的に沿った形に調整すると、いろいろな変化が起こる。例えば、営業の数値目標ってあるよな。しかし数値ではなく、目の前のお客さんの機嫌にばかり注意が向いていたらどうなると思う？」

「お客さんとの関係は維持できるかもしれませんが、目標数値の達成は難しいでしょうね。数値意識がなければ、契約とか金額、その時期などがおろそかになってしまいます」

さすが営業の降谷さん、この手の話は強い。

「その通り。もちろんお客さんとの関係は重要なのだが、数値意識がないままの関係はただの馴れ合い、ご機嫌取りにしかならない。この場合、お客さんの機嫌に向いている注意を、数値のほうに配分し直す必要がある」

「私も営業なので、部署内に思い当たる人がいます。その人は、いつも上司に数値意識を持つように指摘されていますが、直る気配がありません。上司の言葉は意味がないのでしょうか」

「上司に指摘されたときだけは数値に注意が向くかもしれないね。ただ長続きしないからミスを繰り返すんだ。なぜ長続きしないのか、それは注意が意識化できていないこと、そして配分することが習慣化していないからだよ」

「じゃあ仕事の変化、つまり成長を達成するために必要な注意配分ってどのように行うのでしょう？　もったいぶらないで教えてください」

「注意を配分する領域を決めること、これが最も重要だ。例えばさっき、降谷さんは時間、工藤くんは人間に注意が向きやすいと言ったね。この二つは違うものではあるが、共通点もある。それは両方共に『現在』の情報ということだ」

「その話は電車に乗っている間のことだったので当然ですよ。あんな状況で『過去』とか『未来』に注意が向くことってあるのでしょうか？」

「あるある。例えば、前日に大きな失敗をして、そのことを次の日まで引きずって電車の中で考え続けることはあるだろう。同じように、数週間か数カ月先の心配事が頭から離れないことだってある。この場合、前者は『過去』、後者は『未来』に注意が向いているとは言えないかい」

確かにそうだ。同じ空間にいる人であっても、その頭の中、つまり注意が配分されている領域は全然違う。降谷さんと私は、たまたま「現在」の情報に注意が向く傾向があったが、赤井さんの言うように「過去」や「未来」

に向けている人だっているだろう。

「注意の配分領域は、様々だ。ただし仕事、特に引継ぎに関することに限れば、考えるべき領域は〝時間軸〟だけでいい。これまで時間軸を過去、現在、未来に分けて話してきたが、その三つの領域が、そのまま注意の配分領域となるんだ。そして、もうわかると思うが、引継ぎというのは前任者、そして過去に縛られやすい。これは『過去』に注意が配分されているからだね」

そう言うと、赤井さんはホワイトボードに見慣れた時間軸のキャンバスを描きはじめた。

注意の意識化をトレーニングする

「ここ（過去）に注意が多く配分されているうちは、仕事の変化は望めない。いつだって『未来』、あるいは『現在』の情報に注意を向ける。これができれば仕事は必ず変えることができる」

「おっしゃっていることはよくわかります。ただ注意って、結局は自分の中のことですよね。今回のテーマである〝仕事の変化〟は人の外側の変化と言ったのは赤井さんですよ。本当に注意の配分をコントロールするだけで、仕事が変わるものなのでしょうか」

「ずいぶん食いつくね。確かに注意というのは、自分の中の話だ。しかし注意の配分は、行動の強制力を持つ。考え方だけでは仕事は変わらないかもしれないが、注意の配分が変わると強制的に行動の変化が起こる。その結果として仕事が変わるんだ」

「いまいち実感として理解しにくいのですが……」

「では身近な例で考えてみようか。工藤くん、君は人事部での事務処理中心の仕事から、今回の引継ぎ対応に仕事が変わったわけだ。当時と今で、注意の配分はどのように変化した？」

「そうですね、事務処理はミスがないように注意深く書類に目を通したり、ファイル作成では見せ方を工夫することを意識したりしていました。今は、降谷さんの引継ぎの仕事がうまくいくためにはどうすればいいかを常に考えています。先ほどの配分先の話でいえば、事務処理中心のときは『現在』、今は『未来』ですね」

「では今と同じ注意の配分で、事務処理中心の仕事に戻ったらどうなる？」

「どうなるというか、戻れませんよ。引継ぎのことが頭にあるのに、事務処理にまで注意を払うことなんてできません。事務処理に戻るためには、いったん引継ぎの仕事は忘れないと……」

「なんだ、松田さんと一緒じゃないか」


松田さんという名前が出て、私は何かが胸に突き刺さる気がした。引継ぎの対応をしてくれなかった松田さん、彼の注意は過去の仕事ではなく、未来の仕事に向いていた。その行動や態度の変化は、痛いほど味わったではないか。つまり注意が違うことに向くと、行動や態度も、すべてそれに合わせていく。私が今、事務処理に戻れないように、松田さんもうちの会社の仕事には戻れない。これらはすべて、注意の配分のバランスが影響しているのだ。

「確かに、注意の配分領域が違うと行動や態度、ひいては仕事も変わりますね。松田さんの名前を出すのはずるいと思いますが……」

「気を悪くしたなら謝るよ。私が伝えたかったのは、それほどまでに注意配分は人間の行動に影響を与えているということなんだ。たとえ同じ仕事を与えられたとしても、こなすことに精一杯の人と、未来を見据えて取り組む人とでは、仕事のやり方から何から全部変わってくる。つまり注意配分さえ変えることができれば、〝仕事の変化〟は必ず起こるんだ」

「でも注意の配分先をいきなり変えるのって難しいですよね？　実際に、注意の量がどの程度変われば、仕事も変わるのでしょうか？」

「半分以上が目安だね。例えば、それまで過去に100％配分されていた注意の50％が未来、あるいは現在に向いたら行動の変化が見込めるはずだ」

「どうやって配分先を変えるのでしょうか？」

「さっき意識化しただろ？　それを24時間できるようにするんだよ。自分が今、何に注意を向けていて、それは適切な配分になっているのかを常に意識する。未来の仕事を考えなくてはならない状況にもかかわらず、過去に偏り過ぎていたら配分量を調整する。この繰り返しさ」

「なんかトレーニングみたいですね」

「みたいじゃない、トレーニングそのものだよ。前にも指摘したが、効率的であることと手抜きは違うからな。これまで日本企業がちっともできなかった〝仕事の変化〟を起こすことが簡単なわけがないだろ。日々の積み重ねが必要だよ。しかし仮に日本企業に勤めるすべての人が、注意を意識化し、その配分をコントロールできるようになったら、日本は必ず変わることができる」

「意識化と配分を習慣として実行し続けるということですね。これをするに当たって、何かコツみたいなのはないのでしょうか？」

「じゃあ一つだけ。自分の目的に沿った配分先が決まったら、そこに関する情報を、とにかく増やすこと。仮にお客様の〝未来〟を考えなくてはいけないのであれば、誰よりも、そうお客様よりも、その情報を集めるんだ」

「情報を集めれば、注意が配分しやすくなるのでしょうか？」

「人間は、過去に引っ張られやすい。成功体験を忘れられずにいたり、トラウマティックな体験が人生そのものに影響する場合もある。行動経済学で盛んに研究されているテーマもこれだ。ではなぜなのか。それは過去が現在や未来よりも、情報量が豊富だからだよ」

「そりゃそうでしょ。過去は既に経験したことですから、まだ経験していない未来や、何が起こるかわからない現在よりも、知っていることは多いし、その情報も安定しています」

「君の言う通りだ。このことは別に過去じゃなくても説明できる。例えば、君はさっき人間に注意が向きやすいと言ったよな。あれは君が人事部にいて、私からいつも人間の話を聞かされている。だから人間に関する情報量が、他のものよりも多いだけだよ」

「興味関心ってわけじゃないんですか？」

「もちろんそれもある。きっかけはそっちのほうが多いだろうね。でも情報量が増えることで、注意の配分が偏っていくことは事実だ。簡単にいえば情報とは、注意をひきつける引力みたいなものなんだよ。だからその量を増やせば増やすほど、注意はそっちに向きやすくなる」

結局、遠回しに勉強が足りないと指摘されたような気もするが、理屈は理解できる。つまり〝仕事を変える〟ための技術として、注意を意識化した上で、その配分を調整することを習慣化する。これはトレーニングのように繰り返しやって身につけなければならない。ただしコツとして、情報量を増やすことに取り組むといいってことだ。

降谷さんと私は〝仕事を変える〟ために注意のコントロールの修業をしなくてはならないようだ……。

第二章――「仕事の変化」の解説

変化を起こす機会が〝引継ぎ〟

引継ぎに必要な二つ目の変化は、〝仕事の変化〟です。これは引継ぎを成功させるだけでなく、引継ぎのタイミングで仕事のレベルを引き上げることも意味しています。ストーリーの中では、これを「仕事の成長」と呼んでいます。

仕事の中身を変えるだけなら、力を持った者が強引に押し進めれば実現できます。しかしこの方法では仕事を一時的に変えることはできても、持続的に成長させることはできません。

つまり本質的な変化を実現することはできないのです。そしてイノベーションを謳う日本企業の多くが、この過ちを繰り返しています。

私たちが調査した中で、変化を実現できた事例の多くは「新しい組織」の中で起こっていました。つまり新しく組織をつくる、新しい会社をつくるなど、従来の枠組みから離れた外科的な処置によって変化が生み出されていたのです。

残念なことに、歴史が長かったり、仕事の枠組みができ上がっている組織ほど、変化は生まれにくいこともわかりました。そう、私たちが勤めている日本企業のような組織のことです。

もちろん変化が生まれ、イノベーションを起こしている日本企業も存在します。しかし、それらのレアケースを取り上げて希望を持つことに意味はありません。ほとんどの日本企業は、変化が苦手で、イノベーションが起こりにくい風土であることから目を背けてはいけないのです。このような風土の中で、外科的な処置をしないで変化を起こすことは極めて難しいといえます。

しかし唯一、それができる機会が〝引継ぎ〟です。

極論かもしれませんが、日本企業がイノベーションを起こせるとしたら、それは〝引継ぎ〟のタイミングしかないと私は考えています。実際、歴史の長いある日本の電機メーカーは、経営不振によって倒産寸前まで追い込まれました。しかし台湾企業に買収され、その傘下となると、たった数年で業績をV字回復させることができました。

これは経営を引継いだ台湾企業が、日本の企業風土に捉われず〝仕事の変化〟を実現させたからです。日本の経営者では難しかったでしょう。

この電機メーカーの例は、企業経営に関するものですが、本書で扱う日常的な業務の引継ぎについても同様です。いえ、むしろ引継ぎの頻度、仕事のサイクルの速さから考えれば、企業経営よりも身近で、重要といえるかもしれません。

本章では、日常的な業務の引継ぎを〝仕事の変化〟のチャンスとし、そのために必要な「約束の確認」と「注意のコントロール」について解説します。

トラブルを防ぐ「約束の確認」

ストーリーでも取り上げましたが〝仕事の変化〟といっても、引継ぎの中で行うことですから前任者への敬意を忘れず、「変えてはいけないもの」を認識しておく必要があります。ただし一つずつ確認するのは現実的ではありません。あれもこれもと悩んでいるうちに、結局、ほとんど捨てられずに残してしまいます。

人間は捨てることが苦手なのです。

「変えてはいけないもの」として扱わなくてはいけないのは一つだけです。それがストーリーにも出てきた〝約束〟です。

なぜ、〝約束〟だけは変えてはいけないか、それは仕事関係者の間で〝約束〟だけが個人の自由にならない共有財産だからです。

引継ぎの際、前任者から仕事を引き渡された時点で、その仕事の裁量は後任者に委ねられます。ただし前任者がいなくなったとしても、他の関係者は継続されることがほとんどです。彼らは前任者との間で、何らかの約束事をしているかもしれません。それは契約書のような公的なものから、口約束や暗黙の了解事項など様々です。

関係者が継続される以上、これらの〝約束〟を変えることは大きな問題を生む原因となります。そのため〝仕事の変化〟の下準備として「変えてはいけないもの」、つまり〝約束〟を確認しておく必要があるのです。

〝約束〟というのは、有形のものはともかく、無形のものは確認が難しいと思わ

解説

れる方もいることでしょう。しかしそれは誤解です。前任者や関係者に仕事の中身を聞くよりもずっと簡単です。

〝約束〟は、人と人の間で交わされるものです。そのため記録ではなく、記憶として関係者に埋め込まれます。ストーリーの中で赤井が説明していたように、人間にとって人との記憶は特別な意味を持ちます。

なぜなら記憶の共有は、自分の存在証明の手段であり、人間の根源的な欲求を満たすものだからです。そのため仕事の中身は忘れたり、教えてくれなかったとしても、共有された記憶は忘れにくく、たまに思い出して語り合いたいと思っています。つまり、前任者から約束を聞き出すことはそう難しいことではありません。

もう一つ、約束の確認が難しくない理由は、入手ルートが前任者以外にも存在する点にあります。約束が関係者間で交わされるものである以上、たとえ前任者がいなくなっても、約束をした相手は残っています。

前任者があてにならないのであれば、約束した相手であるお客様や、上司や同僚などの関係者にあたればいいだけのことです。もし関係者が誰も残っていなかったとしたら、約束はそもそも存在しません。

もちろん約束を確認するために、簡単な枠組みはあったほうがいいでしょう。下の表のように整理すると、よりわかりやすくなると思います(図9)。

前任者、あるいは関係者から約束を聞き出すために、記憶の構造を理解しておくことはあなたを助けることになるかもしれません。ストーリーにも出てきたように、過去の記憶は、エピソード記憶や回想的記憶、あるいは「自伝的記憶」と呼ばれています。

これに対し、言葉の意味や、物事の情報に関する記憶を「意味記憶」といいます。

図9　約束の確認

約束	関係者		期限
	こちら側	相手側	
〈例1〉 ○○社内での打ち合わせは1時間以内とする。そのため打ち合わせ中、こちらの提案は要点をまとめて話し、不足分は資料を渡し、後で質問を受け付ける	前任者の松田さん	○○社の担当△△様(時短勤務)	
〈例2〉 先方に必要書類を印刷、送付する場合、総務に3日前までに書類(またはファイル)を渡すこと	営業部長の毛利さん	総務部長の沖野さん	
〈例3〉 次年度の社内行事スケジュールについては、10月末日までに、各部の合意を取りつける	人事部企画室	各部のマネージャー	10月末日まで

解説

わかりやすく例えるのであれば「自伝的記憶」は日記、「意味記憶」は辞書のようなものです。日記には、言葉の正確な意味は書かれていませんが、思考や感情など自分の内面については記述されています。一方、辞書は万人が理解できる説明が書かれています。決して、個人的な内容が含まれることはありません。

前任者に仕事の内容を聞くことは「意味記憶」を尋ねることになります。最初に、降谷が松田に数字の意味を問うたような聞き方です。これに対し、松田は丁寧に答えることをしませんでした。なぜなら意味記憶を答えることは相手にとっては辞書を引く作業をするようなものであり、面倒で負担の大きいことなのです。

一方、「自伝的記憶」を尋ねたとしても、相手はそれほど負担に感じません。なぜなら「自伝的記憶」は、自分に関わる印象的な出来事に関するものであるため、記憶の想起(専門的には検索と呼びます)が容易だからです。自分にとって重要な人との記憶についてはなおさらです。

〝約束〟を聞き出すためには「意味記憶」ではなく、「自伝的記憶」を尋ねるような聞き方をするといいでしょう。ストーリーでは割愛しましたが、〝約束〟をした相手のことを聞くことも有効です。性格や容姿を聞いた上で、その相手とした仕事の話（エピソード）などが聞ければ、〝約束〟を聞き出すことは難しくないはずです。

「注意のコントロール」①／意識化

〝考え方の変化〟と違い〝仕事の変化〟では、目に見えるものが変わらなくては意味がありません。さらに本書の趣旨からいえば、前任者からの延長線上にある程度の変化は〝変化〟と呼びません。矢印は上、あるいは斜め上に伸ばさなくてはならないのです。

そのために本章で取り上げるのは〝注意のコントロール〟です。この方法は、認知心理学や行動科学の理論をベースとし、ビジネスパーソンに適した形に私たちが工夫と改良を重ねたものです。

〝注意のコントロール〟は汎用性が高く、ビジネスにおける様々な場面で活用可能です。本来はこれらすべてを紹介したいところですが、そうすると本書だけでは説明し切れません。そこで今回は〝引継ぎ〟に限った話をさせていただこうと思います。

注意というのは、すべての人間、すべての生物が持っている機能です。認知心理学の用語ではワーキングメモリ（作業記憶、作動記憶）とも呼ばれていますが、専門用語を使うと難しく聞こえるので、わかりやすく〝注意〟という言葉で説明したいと思います。

注意とは、端的にいえば「情報の処理機能」です。私たちは日頃から、目で見て、耳で聞いて、触って、さらに頭で考えることで、物事を理解し、対処するための行動選択をしています。しかし私たちに降りかかる情報は、極めて膨大な量であることから、それらすべてを一度に処理することはできません。そのため私たちは常に情報の取捨選択をしています。

例えば、電車の中で、電話をしている人は、話すことに夢中で、迷惑に感じている周囲の人の目に気がつきません。これは注意が電話の相手に絞られており、周囲に行き届いていないために起こる現象です。逆もしかりで、もし電話がかかってきたとしても、周囲の人の目が気になっていると、電話の相手の話を集中して聞くことはできないでしょう。

このように、注意は私たちの思考や行動に大きな影響を与えています。もしすべての物事に対して十分な注意を払うことができるのであれば、すべての人が高いパフォーマンスを永遠に発揮し続けることができます。

しかし、残念ながら注意には量の制約があります。一度に使える注意の量は決まっていますし、際限なく使い続けることもできません。貴重だが有限なもの、この性質を持つことから、認知心理学では注意は資源（注意資源）として扱われています。

注意が資源であることを体感的に理解するために、図10のように頭の中を器に

図10　注意資源のイメージ

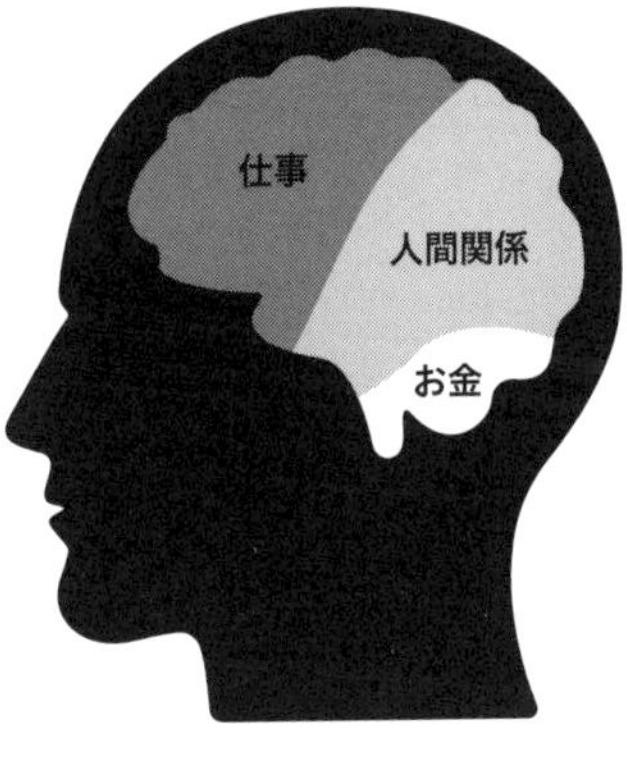

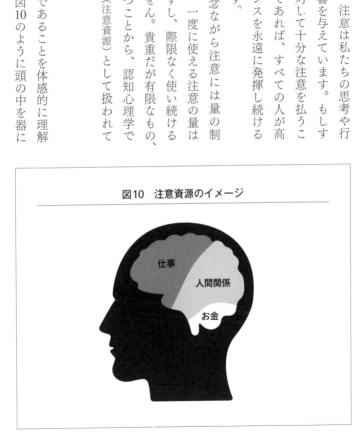

解説

見立て、それを満たした状態を100%と考えてください。この容量は、人間が一度に処理できる注意の総量です。

この量には多少の個人差は存在しますが、誰からもわかるような大きな差はないと考えて構いません。

例えば、職場でチームのメンバーが集められ会議が行われた状況を想像してみてください。この時、チームの仕事に力を入れているメンバーは上司の話に注意を多く配分しています（70%）。

しかし他の仕事が忙しく、会議中に内職をしている人は上司の話を片手間で聞いていています（40%）。さらにチームを抜けたいと思っている人は、話を聞いているようで実はほとんど耳に入っていません（5%）。こんな会議、あなたも経験したことがあるのではないでしょうか（図11）。

つまり同じ場にいたとしても、注意の配分状況は人によって様々だということです。当然ですが、生産的な会議では、全員の注意が上司の話に多く配分されているはずです。

自分の持っている注意が特定の対象へ100%向いている状態、これはスポーツでいわれる「ゾーンに入っている状態」、あるいは心理学者のチクセントミハイが提唱している「フロー状態」に近いものです。また心配事が気になって他のことが手につかないという状態は望ましいものではありませんが、注意配分の観点からいえば、ゾーンやフローに近い状態です。両者の違いは主体がどこにあるかだけです（前者は自分から注意を向けている、後者は注意に支配されている）。

子どもの頃、時間を忘れてゲームに熱中したこと。恋人と一緒にいる時間が早く過ぎること。退屈な授業がいつまでも

図11　注意の配分イメージ

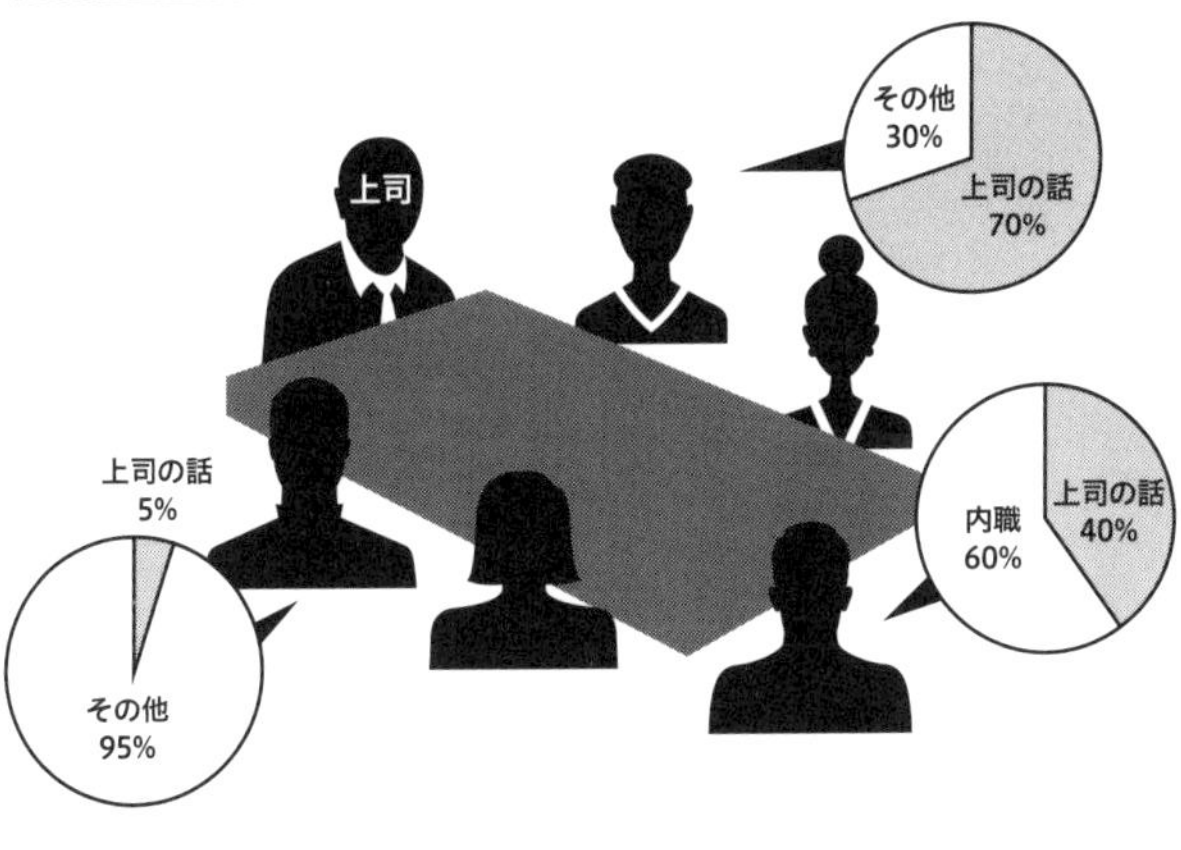

解説

終わらないこと。これらもすべて注意配分が影響しています。

そのとき、意識していること、行動していることに注意が多く配分されている場合、時間は早く過ぎます。一方で、それらに集中できない、つまり注意の配分が少ない場合は、時間経過が遅く感じます。これは自分の注意の量が余ってしまうため、それを他で埋めようとして起こる現象です。

そして他に注意を向ける対象が見つかりにくい状況、つまり退屈な授業中などは、時間を意識してしまうために、その経過が遅く感じるのです（時間の経過に注意を向けている）。

さらに熱中していたゲームや恋人も、飽きてきたり、疲れてくると注意を配分できなくなります。またヒューマンエラーが多くなるのは、午前、午後ともに2〜4時といわれていますが、これは概日リズム（体内時計）の影響で眠気が生じ、注意の配分がうまくいかなくなることが原因として考えられます。

つまり注意の配分量は、心身の状況によって変化する流動的なものなのです。

なお注意の容量が人によって大きく違うことはありませんが、注意の配分傾向については個人差があります。興味関心の対象は人によって違うのですから当然

図12 「注意の意識化ワーク」

私たちは、日頃、様々なことに注意（意識）を向けながら生活しています。また注意を向ける対象は、人によって異なります。同じ人であっても、興味や関心、置かれた状況によって日々、変化するものです。あなたは日頃、どのようなことに注意を向けているでしょうか？　これから1週間、ご自分が注意を向けている対象について調べていただきたいと思います。例を参考に、空欄にご記入ください。

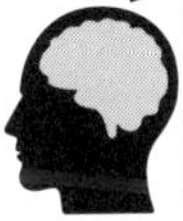

あなたの頭の中を100%とお考えください。1日ごとに、あなたの頭の中を占めていたもの（注意を向けた対象）について、その割合と内容をご記入ください。

〈例〉　※割合の合計が100%になるように

○月○日 曜日	今の仕事をどう改善すれば、効率よく進められるか（30%） 上司からの指示に、あまり納得がいっていない（25%） 同僚との人間関係がうまくいかないこと（25%） 過去にしてしまった失敗について（10%） 抱えている住宅ローンの支払いに関する不安（2%） その他（8%）

月 日 曜日		月 日 曜日	
月 日 曜日		月 日 曜日	
月 日 曜日		月 日 曜日	
月 日 曜日			

あなたの「注意が向きやすい」、「気にしやすい」、「悩みやすい」などの傾向はどのようなものですか？　あなたの注意配分の特徴をご記入ください。

です。注意の意識化のためには、この配分傾向の個人差を知ること、すなわち自分がどのような対象に注意を向けやすいのかを理解することが重要です。

それでは、「ストーリー」の中で工藤と降谷が取り組んだ、「注意の意識化ワーク」を実践してみましょう（図12）。

彼らは1日分しか実施しませんでしたが、より正確に知るためには1週間、できれば1カ月ほど取り組むことが望ましいです（図12は1週間分のシートです）。

「注意のコントロール」②／配分

注意の意識化で、配分傾向に個人差があることはお伝えしました。この配分先について、何を検討するかはその目的によって異なります。自分の性格的特徴を測るためには単純にどんな内容のものに注意が向いているかをチェックするだけで十分です。

しかし自分の心理的問題を解決することが目的の場合、思考や感情に向いている対象とその割合を考えることが適しています。そして今回の目的は〝引継ぎ〟

です。この場合、注意の配分傾向を時間軸の3領域、つまり「過去」、「現在」、「未来」に分けて考えることをお勧めします。

従来の〝引継ぎ〟の考え方のままでは、後任者の注意は「過去」に向いていることが多いものです。これは、仕事の内容、プロセス、考え方などについて前任者を踏襲しようとするためです。しかし〝考え方の変化〟で述べたように、引継ぎでは「未来」をスタート地点として矢印を引きます。つまり「未来」の領域に注意を多く配分する必要があります。

もちろん仕事によっては「過去」に多く注意を向ける必要もありますし、前述したように「未来」の仕事のために、過去の〝約束〟を確認しなくてはなりません。そのため注意を100％、未来に向けることは現実的ではないでしょう。

バランスとしては未来が60％、現在が30％、そして過去は10％くらいに留めるといいでしょう。ただし、少なくとも未来に50％は配分するようにしてください。なお通常、私たちが日常的な生活をしている中で、未来に向く注意は全体の5〜10％程度です。

解説

個人差はありますが、たいていの人は自らの注意を「現在」あるいは「過去」に多く配分しています。それを考えると注意を50％、未来に向けることは意識的に実行しなければ難しいと理解できると思います。

「注意の配分とは具体的に何をするのか？」と疑問を持つ人もいると思います。この方法では、まず注意の配分先として意識化した自分の思考や行動に「過去」、「現在」、「未来」のいずれかのフラグを付けます。そして現在の配分状況をみて適切なバランスに調整します。

例えば「過去」が多く「未来」が少なければ、「未来」を意識した考えや行動を増やすといった具合です。難しく聞こえるかもしれませんが、実際にやることは先ほどの「注意の意識化ワーク」で書き込んだ内容にフラグを付け、これを調整しながら繰り返すだけです。図12の表内〈例〉で実際にやってみると、図13のようになります。

注意の配分は、慣れてくれば頭の中だけで調整することができます。ただし、はじめのうちはメモを取るなど、はっきりと意識化できる方法を用いるといいでしょう。また注意を自分にとって適切なバランスに配分するためには、ちょっとしたコツがあります。それがストーリーにも出てきた「情報量を増やすこと」です。

米国Apple社のスティーブ・ジョブズ氏やAmazon社のジェフ・ベゾス氏などの経営者は、まるで未来が見えているかのように新しいアイデアや事業に投資しました。また皆さんの周りにも、経験したことがない仕事にもかかわらず積極的に取り組み、成果を上げる人がいることでしょう。彼らは他の人と何が違うのでしょうか？

その答えの一つが〝情報量〟の違いです。彼らは未来に関する情報を、一般的

図13　注意の配分例「過去」「現在」「未来」

10月10日 火曜日

今の仕事をどう改善すれば、効率よく進められるか（30%）→ **現在**
上司からの指示に、あまり納得がいっていない（25%）→ **過去**
同僚との人間関係がうまくいかないこと（25%）→ **現在**
過去にしてしまった失敗について（10%）→ **過去**
抱えている住宅ローンの支払いに関する不安（2%）→ **未来**
その他（8%）→**不明**

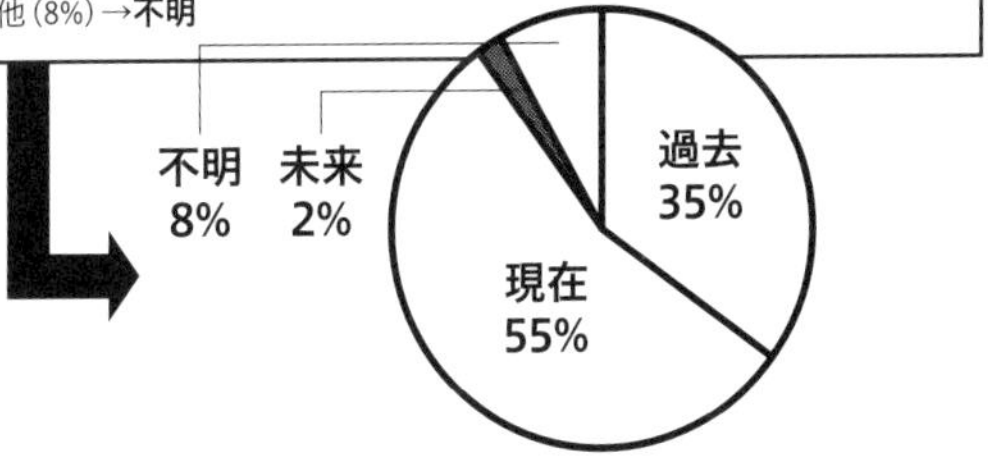

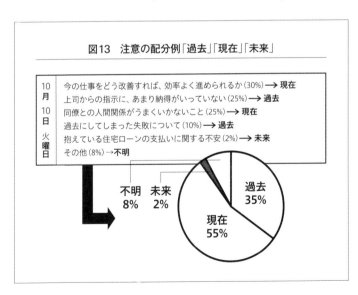

解説

な人間より、遥かに多く所有しているはずです。

未来に関する情報量が多いと、物事や世の中の動きに対して、見通しを正確に立てることができます。つまり他の人には雲をつかむような話でも、彼らにとっては目の前のグラスを握ることのように当たり前のことなのです。

先ほど述べたように、通常、私たちが「未来」に向けている注意量は、「現在」や「過去」のそれよりも遥かに少ないのです。これは情報量の少なさに起因しています。情報が少なければ、注意を向ける対象をはっきりと見ることができません。稀にこの不確実性に好奇心を持つ人間もいますが、多くの人は不確実なものには近寄らないのです。

「過去」は既に知り得た確実性の高い情報を持っていますし、「現在」はまさに今、情報を取得できる状況にあります。必然的に注意の配分は「未来」が少なくなり、「過去」や「現在」が増加します。裏を返せば、「未来」に関する情報量を増やせば、注意もそちらに向くはずなのです。

「過去」や「現在」、あるいは興味関心事などの情報量を増やすことは比較的簡単です。今の時代であれば、インターネットで検索するだけで大量の情報を入手することができるでしょう。一方で「未来」の情報を得るためには少し工夫が必要です。

当たり前ですが、「未来」には事実がないため、いくらインターネットで調べても情報は得られません。つまり調査ではなく予測が重要であり、この精度を高めるための情報を収集しなくてはなりません。

第一章「考え方の変化」の中で、未来の環境を予測する話をしました。本章では、これについて、もう少し具体的に説明したいと思います。

未来の予測精度を高めるための情報、それは歴史です。歴史とはひと言でいえば「人間の営みの蓄積」です。どんなに環境が変化しても、唯一、変わらないものは私たち人間の存在です。

そして人間には、数千年にわたる歴史が存在します。それらの歴史と、これから来る未来は同じものではありません。しかし歴史を知り、人間の営みを理解することができれば、未来を予測することが可能になります。

解説

「未来の情報量を増やすこと」とは、〝人間の営みへの理解を深めること〟なのです。

人間が喜ぶ、あるいは悲しむのはどのような場面か。歴史を変えた人物は何を考えていたのか。争いが生じた理由、人が団結するタイミングなど、歴史が教えてくれるあらゆる人間の営みを未来に当てはめて考えてみましょう。

もちろん歴史とは教科書に載っているようなものだけでなく、個人的なものも含みます。あなた自身、友人、同僚、上司など、あらゆる人の歴史が未来の情報源なのです。ただ忘れてはならないのは、ここで収集する情報はあくまで未来に注意を向けるためのものです。歴史は過去であるため、これを忘れると過去の情報が増えるだけになってしまいます。常に未来を見据えた情報収集を心がけるようにしましょう。

配分量と行動量は均衡する？

本章のテーマは〝仕事の変化〟です。そのために変えてはいけないこととして〝約束〟を取り上げ、変えるための方法として〝注意のコントロール〟を紹介しました。しかし、ストーリーで工藤が指摘したように、これだけでは〝仕事の変化〟を実現することができないのではと感じる人もいることでしょう。

こういった人に対し、私は「仕事に直接アプローチするより効果的です」と答えています。なぜなら〝注意のコントロール〟を用いることは、人間に備わっている本能的な機能に基づくものだからです。お腹が空いたら何か食べ、眠くなったら眠るように、注意の配分が変われば行動が変わり、結果として〝仕事の変化〟につながるのです。

ストーリーの中で赤井が述べていたように、注意の配分には行動の強制力があります。これは注意の配分量と行動量（ここで言う行動には思考も含みます）を均等に保とうとする働きがあるためです。この働きを私たちは「注意行動均衡作用」と呼んでいます（図14）。

例えば、ある人の注意と行動の全体量を100％ずつとします。その人は運動することに注意が60％向けられていましたが、実際には30％しか行動できていませんでした。この場合、その人はなんとかして差分である30％分の行動を取ろうとし、運動する時間を増やします。

解説

人間は本能的にバランスが取れていない状態を不快に感じるようにできています。均整の取れた顔立ちは人種を問わず美男美女として扱われます。自分が欲しくてたまらないものでも、絶対に手に入れられないとわかった途端に悪口を言うのは、心と事実のバランスを保つためです（認知的不協和理論）。注意と行動も、その割合が均衡していない状態は不快なのです。

注意行動均衡作用から考えれば、未来のために行動をし続けていれば、注意の配分も未来に向くはずです。しかし毎日忙しく仕事をされている人、つまり読者の皆さんのような立場では、未来に注意

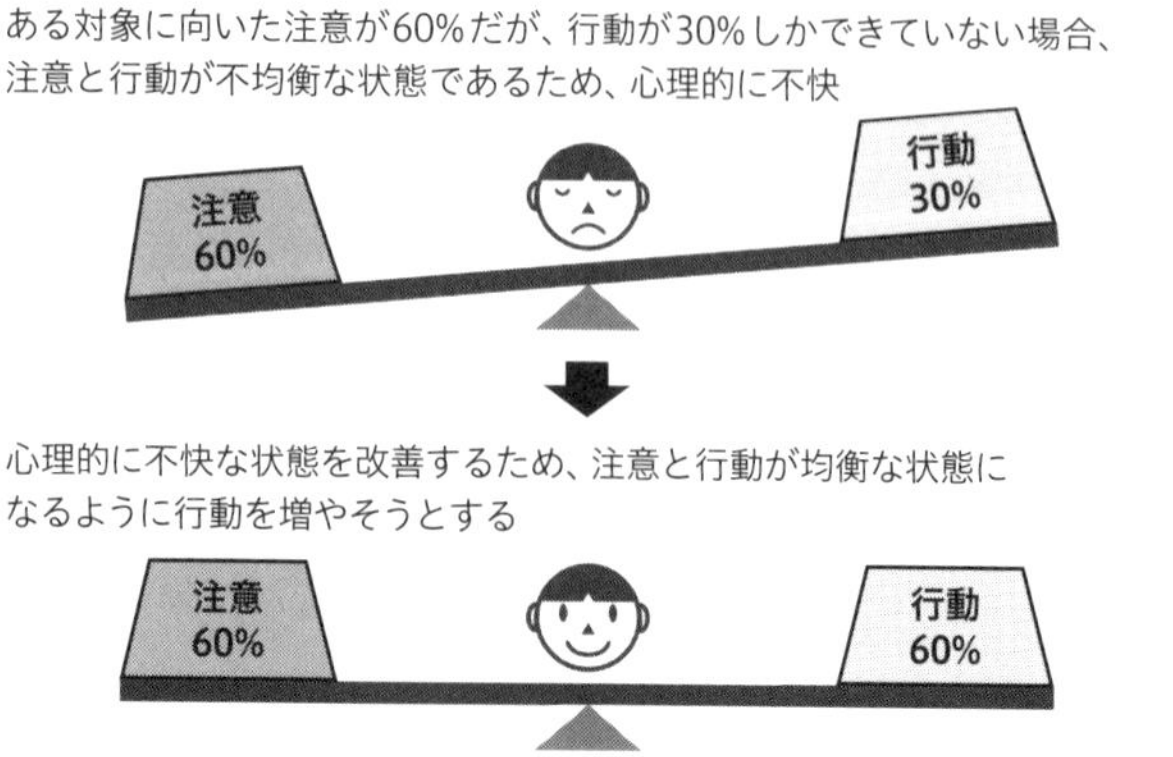
ある対象に向いた注意が60%だが、行動が30%しかできていない場合、
注意と行動が不均衡な状態であるため、心理的に不快
注意 60%
行動 30%
心理的に不快な状態を改善するため、注意と行動が均衡な状態に
なるように行動を増やそうとする
注意 60%
行動 60%

図14 「注意行動均衡作用」

を配分しても、そのときの忙しさ、つまり現在に、あるいは情報量の多い過去に注意が振り戻されてしまいます。そしていつしか、未来のことなど考えなくなっていくのです。

だからこそ、意図的に、目的意識を持って注意のコントロールに取り組むことが重要です。

〝注意のコントロール〟はそのノウハウを理解した途端にできるようになるものではありません。ストーリーで赤井も述べているようにトレーニングによって身につけるものであり、その維持にも努力が必要です。毎日、自分の注意の配分先を意識し、目的に沿った割合に配分調整をする。これを繰り返すのです。しかし苦労して身につけた技術は腐ることがありません。今回は〝引継ぎ〟のためですが、ビジネス、そして人生における様々な場面において、必ずあなたの役に立つはずです。

第三章

組織の変化

最後のハードル！

［ストーリー］

「仕事を成長させる技術なのだから、仕事の内容に関する話かと思っていました」

赤井さんのレクチャーを聞いた後、降谷さんは率直な感想を口にした。確かに私もそう思う。しかし、仕事の内容は様々なのだから、ケースバイケースで必要な技術が変わってしまっては、いつまで経っても大きな変化は望めない。赤井さんはそれをわかっていて、どんなケースにも適用できる〝注意のコントロール〟の話をしてくれたのだろう。

「注意を意識化し、目的に沿った領域に配分する。シンプルだけど、これが習慣になれば仕事は変わるかもしれませんね」

そう語ると降谷さんは〝仕事の変化〟のために、引継ぐ案件ごとに整理をはじめた。まず「変えてはいけないものである〝約束〟を確認する」、次に「仕事が成長した未来の姿を設定する」、そして「注意を未来に多く配分する」。案件ごとに多少の違いはあるが、大きくはこの3段階のプロセスを踏むことを徹底したのだ。

〝仕事の変化〟への取り組みはすぐに効果を見せはじめた。降谷さんの提案を聞いたお客さんの多くは、「変わろうとする気持ち」を持つようになったらしい。

もちろん、それまでも「変わらなくてはいけない、成長しなくてはいけない」という気持ちは持っていただろう。しかし今の仕事、そして近い未来に注意資源を奪われ、実現が遠のいていた。そんな状況だからこそ、降谷さんの提案はカチっと刺さったのだ。

〝引継ぎの本質は変化〟という考えを胸に、私たちは松田さんがしてきた仕事を変え続けた。ただし彼への敬意を忘れないようにしながらだ。その結果、私たちは松田さんの仕事を順調に引継ぐことができるようになっていた。

しかし翌日に松田さんの退職日を控えたタイミングで、私たちは思いもよらない壁に遭遇することになる。

「おい降谷、ちょっと来い」

そう言って降谷さんを呼び出したのは、降谷さんの直属の上司にあたる営業部長の毛利さんだった。そう、松田さんの件でお願いに行ったときに、当事者同士で解決しろと言った、あの毛利さんだ。

1時間後、降谷さんが私のもとにやってきた。表情から明らかに不満と苛立ちを抱えていることがわかる。

「工藤さん、私は自分が間違っているとは思えません」

降谷さんは毛利さんに言われたことを細かく説明してくれた。要は、松田さんからの引継ぎに関し、これまでと違った考え方や方法で進んでいることが気に入らないらしい。毛利さんへの報告はこまめに行っていたため、いまさら言い出したことに疑問を感じたが、恐らく、これまでは報告に耳を貸していなかったからなのだろう。

「当事者同士で解決しろと言ったくせに、今さら文句を言うんですよ。勝手に変えられては困る、責任は誰が取るんだ、あげく俺は聞いてないって、ほとんど毎日報告していたのに、おかしくないですか?」

まぁ、確かにおかしい。でも私も人事の端くれとして、こういう上司が腐るほどいる現実もよく知っている。実は毛利さんがその手の上司だということは、前々から耳にしていたことだ。むしろ今まで口を挟まなかったことを不思議に思っていたくらいだ。

「赤井さんにいろいろと教わって、ほとんどの案件は順調に進んでいます。私も最近やっと自信がついてきて、引継いだ仕事の面白さも感じてきたところです。それなのに上司の理解が得られないなんて、やってられないですよ」

「お気持ちはよくわかります。ただ、ここで愚痴を言ったところで現実は変わりませんし、毛利さんに正面から反抗しても問題がこじれるだけだと思います。一度、赤井さんに相談してみませんか」

なんでもかんでも赤井さんに相談するのもどうかと思ったのだが、他に解決方法が見当たらなかった私は、降谷さんを説得し、再び赤井さんのデスクに向かった。

内と外を支える土台を変える

「ついに来たね。ここが一番、面白いところだ」

開口一番、赤井さんはこう言った。私たちは面白くもなんともないし、困っているから相談に来たのに、なんて不謹慎な人なのだろうか。

「引継ぎで重要な最後の変化、それが〝組織の変化〟だ」

引継ぎ自体が順調だったので、あまり気にしていなかったが、確かに三つ目の変化はまだ聞いていなかった。しかし、まさかこの場面で出てくるとは……。


「〝考え方の変化〟が内側、〝仕事の変化〟が外側、そして最後の〝組織の変化〟はこれらの土台だよ。君たちは考え方を変え、仕事を変え、これまでうまくやってきた。しかし土台が変わらなければ、うまくいくのは今回限りで、新たに引継ぎが生じれば、失敗してしまう。いや、もしかしたら今回もうまくいかないかもしれない」

実際、降谷さんが努力してきたことは、毛利さんのひと言で崩壊しかかっている。

「〝引継ぎの本質は変化〟だ。しかし変化というのは、それがどんなに合理的で適切なものでも反発する人が出てきたり、賛同者が得られない場合がある。毛利さんも、これと同じさ」

「松田さんからの引継ぎでトラブルは生じていませんし、降谷さんの提案はお客さんからの評判も悪くありません。絶対に正しいとはいえませんが、少なくとも文句を言われるようなことはしていないと思うのですが」

「そう、理は君たちにある。ただ理屈の問題じゃないんだよ。嫌なものは嫌なんだ。なぜだか、わかるかい？」

「わかりませんし、わかりたくもありません」

「まぁそう言うな。工藤くんも組織で生きていく以上、これから何度も遭遇することになるのだから。ここで君が感情的になることは、君が腹を立てている人たちと大差ないのだと理解したほうがいい」

そう言われて、私は少し冷静になった。確かに当事者は降谷さんなのに、私が感情的になるのはよくない。

変化に対する不安を取り除く

「そもそも人間には変化を好まない性質がある。ホメオスタシスって聞いたことないか？」

「恒常性でしょう。中学か高校で習いましたよ。でも、それって生理学的な話で、今回のような心理的なものを意味する言葉じゃないですよね」

「もとはそうだね。しかし人間の心理にも恒常性は存在する。例えば、今まで費やした時間やお金をもったいないと感じて、損するのがわかっていても続けてしまう現象がある。これはサンクコスト効果、あるいはコンコルド効果と呼ばれるものだ。このような心理現象があること自体、人間が変化よりも現状維持を求める生物である証拠だといえないだろうか」

「確かに、そうですね。私も今の自分を変えるために本を読もう、引越しをしようとか、いろいろと考えてはみるものの、実際に行動に移すのはなかなか難しいです。変えるほうがメリットがあると頭では理解しているのですが……」

「つまり正しいとか間違っているとか、メリットとかデメリットという理由じゃないんだ。内容ではなく、変化そのものを嫌うから、変わることができない」

「なぜ、変化を嫌うのでしょうか」

「単純さ、不安なんだ」

「不安？　別に本を読むことや、引越しを不安に感じたことはありませんが」

「まぁ、ほとんど人間の本能に近いからね。自覚できないのは仕方がないよ。人間は、自分の身を守るために身体的にも、心理的にも安定した状態を好む。変化をしないと生き残れないが、本能的には変化を嫌う。矛盾しているようだが、それが人間という生き物なんだ」

「ただ今回は〝組織の変化〟ですよね。毛利さん個人のことではなくて、組織の話になるのでしょうか？」

「いいところに気がついたね。君も経験していると思うが、組織は規模が大きくなったり、歴史が長くなると、組織特有の考え方や行動パターンが作られる。まるで一人の人間のようにね。組織の意思決定は、その代表的なもので、客観的に考えれば有り得ないような意思決定をしてしまうことがある。君も耳にしたことがあると思うが、集団極性化もその一つだよ」

「なるほど組織というのも人間のような特徴を持つ。だから、変化を嫌うということでしょうか？」

「その通り。基本的に人間は変化が嫌いなんだ。今回の場合、毛利さんの話が発端なので一見、個人の問題のように見える。しかし実際は、組織全体の考え方や行動パターンの問題と認識したほうがいい。毛利さんは組織を預かる身として、適切な反応を示したと言ってもいいかもしれない」

「毛利さん個人の問題ではないのであれば、なおさら〝組織の変化〟って難しいのではないでしょうか」

「難しいね。特に日本企業のように組織内の協調を重んじたり、互いを監視するような文化が存在する、いわゆる〝村社会〟と呼ばれる組織ではなおさらさ。でも解決策がないわけではない。根本的な問題は、変化に対する不安なのだから、その不安を取り除いてあげればいい」

説得テクは、〝モヤカチ〟にあり

「具体的にはどうすればいいのでしょうか？」

「順序よくいこう。まずは降谷さんが毛利さんにどのような報告をしたのか教えてくれないか」

まめな降谷さんは、ほぼ毎日、引継ぎの進捗状況を記録し、それを毛利さんに提出していた。その記録は私にも共有されているが、問題があるようには思えない。むしろ、いつもカチっと記載している降谷さんに感心させられている。

「なるほどね、これを読んだら毛利さんも不安になるさ」

「私にはまったくわかりません。この報告書のどこが問題なのでしょうか？」

「問題があるわけじゃない。むしろ降谷さんの勤勉さが出ている、いい報告書だ。しかし、この報告書は、変化させたことを明確に記載し、書き方もカチっとしているね。毛利さんが不安になったのは、この点だと思うよ」

「どういうことでしょうか？」

「変化というのは、人間を不安にさせると言っただろ？この報告書は、それを正面から突きつけている。例えば、ここ、それにここ。仕事の変化がダイレクトに書かれているだろ？松田さんからの引継ぎの経緯をよく知らない毛利さんにとっては、胸に突き刺さる内容だよ」

「詳細に、正確に書いたことが毛利さんの不安を煽ってしまった？」

「そう、このあたりはモヤっとさせておけば、毛利さんも過剰に反応することはなかったかもしれない。特に今回のような重要で変化の大きい仕事を扱う際には、読み手の反応に気を使う必要がある」

「でも、それだと〝報告がきちんとされていない〟とか言われませんか？」

「言われそうだな。その場合、報告書だけで済まそうとせず、口頭で補わなくてはいけない。人間が影響を受ける情報の中で、言語情報が占める割合はたったの7％といわれている。文字はわずかな情報しか相手に伝えられないことを忘れてはならない」

「確かに、降谷さんは毛利さんとの直接的なコミュニケーションが足りなかったかもしれません。ただご存じの通り、当事者同士で解決しろって言われましたし、そもそも毛利さんって話そうと思っても、ほとんど外出していて不在らしいですよ」

「本当は直接話したほうがいい。ただ今の時代、それが難しくなっているのも事実だ。しつこく直接話せっていうのは簡単だが、時代錯誤な指導法かもしれないね。だから私たちは組織内の情報伝達に新しい工夫を考えなくてはならない。そして、これはそのまま〝組織を変える〟ことにつながる」

赤井さんが曖昧なまま情報を提示するのは、彼の言う情報伝達の工夫なのだろうか。私が悩んだり、慌てる様子を楽しんでいるだけの気もする。

「組織内の情報伝達を円滑にし、さらに組織を変えるために必要な工夫、それは〝モヤカチ〟だよ」

「モヤカチ……、モヤっと、カチっとですか?」

そういえば、さっきモヤっとしとけと言っていたな。確かに降谷さんの報告書、私にはいい意味でカチっとしていると感じられた。しかし、それが毛利さんの不安を煽るのであれば、あえてモヤっと書いておいて、詳細は直接伝えるという方法もあったのかもしれない。

「文字というのは情報源としてカチっとしたもので、読み手に想像の余地を与えることが難しい。よく行間を読めとか、ニュアンスを汲めとか言うけど、そんなのは書き手の都合であって、読み手に押し付けるのは傲慢だよ。ビジネス文書は文学作品じゃないんだから、伝える側が情報の質と量をコントロールしなければならない」

そう言って、赤井さんは降谷さんのつくった報告書を書き直した(図15)。

図15 “モヤカチ”報告書

降谷さんが書いた報告書 →

【報告書】引継ぎに伴う○○社の変更事項について

10月20日、先方社内にて持参の提案書を確認いただき、
変更点について了承をいただきました。

- **成果物の内容変更（別添の提案書に記載）**
  これまでA案だったものを、B案に変更しました。B案に新たに□についての仕様を追加したところ、A案ではなくB案をご支持いただいたことが理由です。B案はA案と比較して△が□となるため、先方の要望である◇への対応の点で優れています。なお金額は変わりません。
- **成果物の納品日の変更（3月末日→2月末日）**
  B案に変更したことで、工数が削減されるため、納品日を前倒しします。
  開発チームのスケジュールは現在、……であり、進捗遅れもなく、十分に対応可能です。
- **訪問頻度の変更（月1回→2回）**
  仕様変更があったため、細部の検討をするために訪問回数を増やしました。
  次回訪問（10/27）では▽について、▼に変更することをご提案する予定です。

↓

赤井さんが直した報告書 →

【報告書】○○社への提案内容につきまして

10月20日、先方に訪問し、提案書に目を通していただきました。その内容をご報告致します。

先日、先方からB案について再検討したいとのお話がありました。これまでA案で進めてきたため、B案についての仕様を追加することで対応をしようと考え、今回はそれをお持ちしました。
B案はA案と比較して△の作業が減少するため、開発チームの負担は軽減すると思います。工数も削減できそうなので、納品日の前倒しをしてもいいかもしれません。納品日は3月末日予定でしたが、2月末日くらいを見込んでいます。B案になっても骨子は変わりませんが、念のため先方との連絡を密にして対応したいと考えております。

上記の内容について、口頭ですが、概ねご了承をいただいています。しかし最終的な決定は毛利さんの確認の後、先方と書面を取り交わす予定です。お手数をおかけしますが、別添の提案書と共に、お目通しをお願い致します。次回の訪問日は10月27日の予定です。

せっかく降谷さんが書いたカチっとした内容が、絶妙にモヤっとしている。ただ読んでみると、降谷さんのものよりもすんなりと頭に入ってくる気がする。

この報告書を使って、赤井さんは「モヤカチ」について詳しく解説してくれた。今回の場合、カチっとしたものをモヤっとさせるので「カチモヤ」と呼ぶらしい。明確な情報をあえて曖昧にすることで、情報が持つ棘《とげ》、あるいは切れ味をなくし、相手に受け入れやすくするとのことだ。

「〝組織を変える〟ために、マネージャーや社員の不安を緩和することが重要なのはわかりました。確かに私の報告書を読み返すと、変更点が強調して書かれていて、その書き方もカチっとしています。これでは不安を煽っていると言われても仕方ないです」

飲み込みの早い降谷さんは、モヤカチ（今回の場合はカチモヤ）についてすぐに理解したようだ。モヤカチって言葉は、赤井さんにしてはわかりやすい。日頃から感じていることだし、擬音語の表現も適している気がする。

「でも不安を取り除くだけで、組織が変わるとは思えません。引継ぎのために〝組織を変える〟って、どういうことなんでしょうか？」
「私もまだ教えてもらっていません。ただ赤井さんは、まずは毛利さんに降谷さんから改めて引継ぎの経緯を話すようにとおっしゃっていました。今から説明してみませんか」

こうして降谷さんは毛利さんに説明をしに行った。念のため、私も付き添ったが、特に問題はなかったようだ。降谷さんは変更という言葉を別のものに置き換えた上で、引継ぎがうまくいっていることを丁寧に伝えた。

毛利さんは仕事が変わることで、自分や営業部、そして会社への影響を気にしていた様子だったが、その心配がほとんどないことがわかると、安堵した表情を浮かべて自分の仕事に戻っていった。

「うまくいきましたね。とりあえず承認が得られてよかったです」

毛利さんに承認をもらったことで降谷さんと私は、赤井さんに最後の変化である〝組織を変える〟ことについて、ようやく集中して聞けるようになった。いよいよ私たちは彼からの最後のレクチャーを受けることになる。

組織を動かす切り札は？

「組織が変わることの重要性は痛いほど理解したね？　組織で仕事をする以上、変化を嫌う人間は必ず出てきてしまう。やっかいなのは、そういう人間は、組織内で力を持ったポジションにいることが多い。だから権威の力で変化が潰される場合がある」

「組織には変化が必要だけど、組織で力を持つ人のほうが変化を嫌うなんて。なんか矛盾する話ですね」

「組織でポジションを得ているということは、実績を上げてきた証拠だ。苦労をしてきたし、時間もかけている。人間は、自分が苦労した、時間をかけた対象に愛着を持つ性質がある。組織へ愛着を持つことは、働く人にとって重要なことだ。しかし愛着が過剰になると新しい人、新しい試みに対して排他的になってしまう。自分と組織を同一視してしまうので変化に対して過敏になるのだろうね」

「モヤカチの技術を使って、組織の不安をコントロールすれば組織は変われるのでしょうか？」

「組織を変えるには、所属する人の思考や行動のパターンまで変える必要がある。いわゆる〝組織風土〟と呼ばれるものだ。不安を取り除くことは重要なことだが、これだけで風土まで変えることはできない」

「風土を変えるのは、かなり大変そうですね」

「組織風土そのものを大きく変えようとすると、時間も労力も膨大に必要だ。しかし〝引継ぎ〟に限った風土であれば、そこまで大袈裟な話にはならないよ」

「〝引継ぎ〟の風土とは、引継ぎが生じた際に、上司や同僚が協力してくれる雰囲気があるといったことでしょうか？」

「もちろん、それは必要だ。ただし雰囲気や空気のような目に見えない変化を意図的につくり出すことは難しい。重要なのは〝引継ぎ〟が組織の仕事として認識されることだ。これさえできれば、雰囲気や空気は後からついてくる」

「確かにそうです。その認識を得るためには、具体的には何をすればいいのでしょうか？　組織の仕事として認識されるためには、枠組みが必要です。ただ、新しい枠組みをつくるのは相当大変ですよ」

「そりゃゼロからつくるのは難しいよ。だから既存の枠組みに追加するほうが現実的だ」

「組織にある既存の枠組みで、引継ぎに関係しそうなものは……、業務管理でしょうか。目標の設定や裁量付与、計画の策定、進捗管理などですよね」

「まず思いつくのはそれだろうね。ただ業務管理に引継ぎを織り込んでも、うまくいかない。業務管理は、決められた目標に沿った仕事を計画的に進めることが重要だ。しかし、〝引継ぎの本質は変化〟なのだから、業務管理の趣旨とは相容れない」

「じゃあ何ですか？　もったいぶらないで教えてください」

「〝人材育成〟だよ。〝引継ぎ〟は人材育成の枠組みに織り込むべきなんだ。今まで私が教えたことを思い出せば、この理由はわかるはずだ。降谷さんと2人で考えてみなさい」

ここのところ比較的、丁寧に教えてくれていたのだが、今回は宿題にされてしまった。仕方がないので、私は降谷さんに声をかけ、〝引継ぎ〟を人材育成の枠組みに織り込むべき理由を考えることにした。

「人材育成の枠組みというと、うちの部にあるのはＯＪＴとキャリアプラン作成くらいですかね。毛利さんはあまり熱心にやっているとはいえないですが……」

降谷さんは言いにくそうにしていたが、むしろ私のほうが申し訳ない気持ちでいた。本来であれば人事部が主導して、各部の人材育成の枠組みをつくるべきなのだ。

しかし実体は、各部に任せきりで、ほとんど何もできていない。マネージャーも忙しいと思うが、具体的な施策を立案できていない私たちの責任は大きい。

「今まで教わったことって〝考え方を変える〟ために三つの視点を使うこと、〝仕事を変える〟ために約束を確認した上で、注意のコントロールを行うこと。そして〝組織を変える〟ために不安を緩和することでしたよね。こうして振り返ってみると、どの変化も、それを実現させるためには私たち自身が変わらなくてはいけないものばかりのような気がします」

そう、〝引継ぎの本質は変化〟であり、三つの変化を通して実現される。

しかし降谷さんが言ったように、どの変化も当事者の努力と工夫なしでは成立しない。実際、今回の引継ぎでは、いくら赤井さんからいいことを教わったとしても、降谷さんの懸命な努力がなければ、うまくはいかなかっただろう。

私が言うのも何だが、この仕事を受ける前の降谷さんは、効率重視で根拠のない自信を持った若手社員という印象だった。前任者の松田さんの責任を問い、自分はどこか被害者のような態度を取っていたのも事実だろう。

しかし赤井さんのレクチャーを受け、引継ぎの仕事をしていく中で大きく変わった。松田さんへの不満を口にすることはなくなり、すべての案件の責任者としての自覚が感じられる。これは〝引継ぎ〟の仕事が、降谷さん自身を大きく成長させてくれたからだろう。

〝引継ぎ〟の仕事には、人が成長するために必要な要素が詰め込まれている。つまり〝人材育成〟の機会として有効な仕事なのだ。赤井さんが言いたかったのは、このことではないだろうか。

STORY

〝成長機会〟をいかに活かすか！

「工藤くん、君も今回の仕事で成長したようだね」

引継ぎの仕事と人材育成の関係について、私たちなりの考えを赤井さんに伝えたところ、褒めてもらえた。どうやら間違っていなかったらしい。

「君たちの考えた通り、引継ぎの仕事は人が成長する絶好の機会なんだ。会社では、仕事を覚えはじめたときにはＯＪＴがあるが、それ以降はこれといった人材育成の機会がない。管理職に上がる前に節目となる機会を設けているところもあるが、管理職にならない社員も増えた現在、ＯＪＴ以降はほったらかしになっているところも珍しくない。社員には成長しろと言っておいて、会社が成長機会を設けないというのは、あまりに身勝手だと思わないかい」

「〝引継ぎ〟を成長機会として考えるわけですね。確かに引継ぎが生じたときは、私たちのようにいろいろと学ぶことができると思います。でも〝引継ぎ〟は散発的に発生するので、成長機会として意図的に設定するのは難しいと思います。何か具体的な方法があるのでしょうか？」

「マニュアルづくりさ」

「マニュアルって、仕事の方法や手順をまとめて、ファイルや冊子にしたもののことですよね。組織内の情報共有のために大事なものではありますが、文字情報で仕事内容を固定化してしまうので、今まで教わってきた〝引継ぎ〟の考え方には合わない気がするのですが……」

「単に文字情報をまとめるだけなら意味はないね。マニュアルづくりの目的はできのいい冊子をつくることではなく、仕事をまとめるプロセスを経験することで、関わった人間が〝引継ぎ〟の考え方を学び、君たちのように成長することだよ」

「確かに、マニュアルづくりなら組織が意図的に機会を設けることはできますね。ただ、それだけで〝組織が変わる〟と言っていいものでしょうか」

「人の話は最後まで聞くものだ。私が言っているマニュアルづくりは、OJTのように先輩と後輩、上司と部下のような1対1で行うものではない。できれば組織全体、少なくともマネージャーが関与することが重要なんだ」

確かに組織全体でマニュアルをつくれば、ナレッジ（知識や知見）共有になるので仕事の属人化を防ぐことができる。仮に前任者が急にいなくなったとしても、他の社員に聞くことができるだろう。

「組織全体でマニュアルをつくるのは有効な手段だと思います。これによって〝引継ぎ〟が組織の仕事として認識されるようになるのですね。早速、毛利さんに提案してみます」

そう言って、降谷さんは毛利さんのデスクに向かおうとした。しかし赤井さんは降谷さんを制し、再び話しはじめた。

「気持ちはわかるが、マニュアルづくりの話を毛利さんに持っていくのは少し性急だね。組織全体が関わる仕事が増えるとなると、保守的な毛利さんのことだ、また不安になって反対するかもしれないよ。営業部のメンバーの中にも、歓迎しない人はいるだろう」

「それなら、なんでこの話をしたんですか？ 組織の仕事である以上、マネージャーの協力がなければ実現は難しいですよ」

「工藤くん、さっきは成長したと言ったが、まだまだだな。私は繰り返し、順序やタイミングの重要性を伝えてきただろう。どんなにいい提案、素晴らしいアイデアも、適切なタイミングで、適切な人が実施しなければ必ず失敗する」

「今はまだ実行するタイミングではないと」

「いや、そんなことはない。ただし毛利さんを主体とするのはまだ早いということだよ。今はマネージャーである毛利さんではなく、降谷さんが中心となって動くときなんだ」

「私がマニュアルづくりを先導するのですか？　それはさすがに無茶というか、組織から反発があるように思います」

「マニュアルづくりをすると宣言して、組織のメンバーを動かそうとすれば反発されるよ。降谷さんはカチっとしているから、そう考えるのも理解できる。ただ前に話したように、カチっとした情報は、受け手にとってはキツイ場合もある。硬いものほど、ぶつかったら痛いだろ」

「でも組織で働く以上、勝手なことはできません。上司から承認を得た上で、適切なプロセスを辿らなければ仕事になりません」

さすがカチっとした降谷さん、組織人の鑑《かがみ》ともいえる発言だ。私なんて、意味のないプロセスなら省略してしまいたいと常々思っている。少し前に、それを口に出したときには、上司からきつい指導を受けたな……。

「何も規則を破れとか、陰でこっそりやれとは言っていない。そんなことを口にするのは軽率な人間だけだね。私が言いたいのは、今の降谷さんは、誰に遠慮することなく、組織を変えることができる立場にいるということさ」

赤井さんは私の以前の失態を知っているに違いない。しかし、どうやら〝今〟の降谷さんという点が重要らしい。

「組織にとって、松田さんの退職は大きな出来事だったはずだ。その仕事を引継いだ降谷さんの境遇が大変であることも誰もが認めている。しかし降谷さんの努力によって、松田さんが受け持っていた案件は問題が起きるどころか、そのほとんどが今までよりもよい形で進展しつつある。さらに毛利さんの承認を正式に得たことで、少なくとも松田さんからの引継ぎに関する仕事であれば、降谷さんに注文をつけられる人は誰もいない状況になった」

「おっしゃる通りかもしれません。同僚や先輩も、どうやって引継いだのか興味を持って聞いてくれます。今まで話すことがなかったメンバーとも、この機会に話すようになりました」

「普段の状況なら、こうはいかない。ただし3カ月も経ったら、みんな降谷さんの境遇を忘れてしまう。だからこそ今、君が中心となって組織を変えるんだよ。例えば『松田さんの仕事の引継ぎは、とても苦労した。今後、組織内で同じことが起こらないように、引継いだ仕事についてマニュアルをつくっておきたい。ただ自分だけでつくると、また属人化が起こる可能性があるので、できるだけ多くの人と共同で作成したい』、こう言えば反対する人はいないだろ？」

「なるほど組織内でマニュアルづくりのお墨付きをもらうんですね。その上でこの仕事がいいものだとわかれば、組織の仕事として継続していく提案もしやすくなります」

「最初からカチっとせず、モヤっとさせておいたほうが進む話もあるってことさ。じゃあ人材育成のためのマニュアルづくりを教えようか」

情報伝達と成長機会を創出する

私たちは赤井さんから、マニュアルづくりの具体的な方法を教わった。

普通、この手の仕事では成果物の出来に焦点があたる。しかし赤井さんの話は「情報の性質」と「情報の伝達手段」に関することに終始した。

「赤井さん、お話はよくわかりました。ただ、成果物であるマニュアルの体裁とか内容については何もないのでしょうか?」

「体裁や内容か、それはあまり気にしなくていいよ。むしろ、あまりカチっとつくりこまないほうがいい。今回の場合、表面上はマニュアルづくりの体裁を取っているが、目的は情報伝達と成長機会を創出することであり、それを通じて引継ぎが〝組織の仕事〟として認識されることだ。できの良過ぎるマニュアルがあったら、社員はそれに頼り、自分で考える機会を失ってしまう。カチっとさせなければならないのは〝機会〟であって〝成果物〟ではない」


私が人事部に配属されたばかりの頃、仕事を覚えるために業務マニュアルを読んだのを覚えている。恥ずかしいことに書かれていた内容については、ほとんど思い出せない。内容が薄くて、よくわからなかったのだ。

ただマニュアルに書かれていないことを知りたくて、上司や先輩に聞いて回ったことは覚えている。その経験がなければ、人事部の仕事を覚えるのはもっと遅かったと思う。

確かそのマニュアルづくりの責任者が赤井さんだ。赤井さんとはじめて話したのも、そのときで、マニュアルの出来に対する不満をぶつけたのに、のらりくらりとかわされて、それから何となく話すようになったのだった。赤井さんのことだから、あのマニュアルにも今回のような意図が込められていたのだろう。

それから降谷さんは、松田さんから引継いだ仕事のマニュアルづくりをはじめた。赤井さんのアドバイスに沿って、情報をまとめる際には、少なくとも2人、できれば毛利さんも含めた複数人が関与するようにした。

常に数字を追いかけている立場の営業部メンバーは、普段、こういった仕事には関わろうとしない。しかし今回は、松田さんからの引継ぎという大仕事を成功させた降谷さんの話を聞きたいと協力的であった。

また、新しいことをやり出すと、必ず難癖をつける数人の社員も、今回ばかりは何も言えない様子だった。こうして降谷さんのマニュアルづくり、いや〝組織の変化〟を目指した取り組みは順調に進行していったのだ。

第三章――「組織の変化」の解説

〝引継ぎ〟を組織の仕事に！

引継ぎに必要な最後の変化は〝組織の変化〟です。本書でも何度か述べましたが、多くの人が、引継ぎは前任者と後任者の間で行うものと認識しています。いくら当事者の考え方が変わり、仕事を変えることができたとしても、この認識が変わらない限り、企業は同じ失敗を繰り返すでしょう。

〝組織の変化〟の目的は、「引継ぎが組織の仕事として認識されること」です。

組織変革は、企業の永遠の課題です。誰もが必要だと感じていますが、同時に実現が難しいことでもあります。現在も、活発に研究がなされているのですが、それは、組織が変わるためのよい方法が、未だに見つかっていないからかもしれません。

本書のテーマは〝引継ぎ〟です。そのため大々的に組織変革を論じることはしません。しかし〝引継ぎ〟が組織変革にとっても重要な意味を持つことは知っていただきたいと思います。

多くの研究者や企業が組織を変える試みを繰り返し、たくさんの方法論が生まれてきました。これらは極めて重要な知見であり、私たちに様々な示唆を与えてくれます。しかし実際の取り組みを「いつやるか」については、ほとんど触れられていません。つまり組織を変える「タイミング」です。

本書では、たびたび「タイミング」や「機会」という言葉を使っています。第二章では、引継ぎが〝仕事の変化〟を起こしやすいタイミングであるとしました。これと同様に〝組織の変化〟を実現できるタイミングも〝引継ぎ〟なのです。少なくとも、引継ぎを組織の仕事として認識してもらうためには、これ以上の機会はありません。

この機会を見逃さないためには、「不安の緩和」と「情報の伝達」が重要です。本章では、これら二つについて解説したいと思います。なお、この二つは別々の課題ではあるものの、用いる方法は「モヤカチ」の一つだけです。

解説

ポイントは、「不安の緩和」

ハーバード大学のロバート・キーガン教授は、発達心理学の観点から、組織が変われない理由について説明しました。彼は人間が持つ「免疫機能」が個人や組織の成長を阻害していると論じています。ストーリーに出てきた〝不安〟もこの一つです。

人間は安定した状態を好み、変化を嫌います。これは組織も同様で、組織が変わろうとすると必ず反対する人が出てきます。彼らに合理的な説明をしても、よい結果にはつながりません。なぜなら反対する理由が既に合理的ではないからです。もちろん彼らは体裁のいい、一見、合理的に聞こえる理由を並べることでしょう。しかし、その裏にある本心は「不安だから」という極めて情緒的な理由なのです。

本書が主張しているように、〝引継ぎの本質は変化〟です。また進化学が示すように、変化しない組織は淘汰されていきます。しかし変化は不安の種であるため、変化が生まれるほど、組織は防衛的になっていきます。〝組織の変化〟を実現するためには、この大きな矛盾を解消しなくてはならないのです。

そのため〝不安の緩和〟は、組織を変えたいのであれば、はじめに実施しなくてはいけない準備であり、土台づくりのようなものです。不安をゼロにはできないかもしれませんが、少なくとも変化を許容できる程度に緩和しなければ反対する人に阻まれてしまいます。もし組織の不安を緩和することができれば、具体的な取り組みはぐっと進めやすくなるはずです。

ストーリーの中で、降谷がつくったカチっとした報告書は、構造的に書かれており、通常は問題視されるようなものではありません。しかし今回のように変化が生まれる場面においては、組織内の不安を増長させてしまう可能性があります。

物事を論理的に考えることができる人ほど、陥りやすい失敗ともいえます。論理的でカチっとした言葉や文章は、不安を抱えている人にとっては鋭利な刃物のようなものなのです。

もちろん言葉を尽くして説明し、日頃から丁寧なコミュニケーションができていれば大きな問題にはならないかもしれません。しかし多様な働き方が認められ、

解説

社員が同じ場所、同じ時間に働くとは限らない現在、問題をコミュニケーション不足のせいにしてしまっては何も解決しません。また組織の規模が大きくなれば、不安を抱く人も増えます。その全員と直接コミュニケーションを取るのは現実的ではないでしょう。

組織の不安を緩和させるためには、〝仕事の変化〟をさせながらも、柔らかく伝える方法が必要です。さらにその方法は、できるだけ多くの人に、できれば組織全体に届くものであることが望ましいといえます。つまり「情報の性質と伝達手段」を考慮しなくてはならないのです。

「情報の性質と伝達手段」と聞くと対人コミュニケーションの技法を想像する方もいるかもしれません。もちろん、それも正しいです。しかし〝組織の変化〟を扱う上では、対人コミュニケーションだけでは十分ではなく、対組織、あるいは対顧客、対社会にまで適用できなくてはなりません。「モヤカチ」はこれを満たす方法として、私たちが生み出したもっとも効果的な技術であり、考え方でもあります。

「モヤカチ」活用方程式

「モヤカチ」は〝モヤっと〟、〝カチっと〟という二つの対になる言葉を合わせたものです。〝モヤっと〟の意味は、情報が曖昧で、はっきりとしない状態のことです。文字通り、聞くとモヤっとした気持ちになります。一方、〝カチっと〟は、情報が明確で、はっきりしています。表現だけではなく、言葉の定義がしっかりしていたり、文章が論理的に構成されている場合もこれに含まれます。

この技法の呼称は「モヤカチ」ですが、目的によって対になる言葉とその順序が変わります。今回のケースでは〝組織の変化〟を目的とし、組織内の不安を緩和する必要があります。ストーリーでは、赤井が降谷の提示したカチっとした情報を、あえてモヤっとさせました。この場合は「カチモヤ」です。詳しくは図16に記載します。

例として、ビジネスの現場でよくある「モヤカチ」の例を、四つのパターンに分けてご紹介したいと思います。あなたにも思い当たることがあるはずです。

■「モヤカチ」

・顧客の問題意識がはっきりしなかったので、気づきを促すような問いかけをする。

・上司の指示が十分に理解できなかったので、文章に落としたものを確認してもらう。

・社員の考えを知るために、アンケートを取って集計する。

■「モヤモヤ」

・同じチームに配属された年齢や社歴を知らないメンバーに、あえてこれらを聞かない。

・上司が内容を十分に理解していない仕事について、詳しい説明をしないい

図16 "モヤカチ"概説

	説明
モヤカチ	曖昧であったり、複雑な状態なもの（コト）を、明確にすること
モヤモヤ	曖昧であったり、複雑な状態なもの（コト）を、あえてそのままにしておくこと
カチモヤ	明確なもの、変化の少ない状態を、あえてぼかしたり、他の選択肢を見せること
カチカチ	明確なもの、変化の少ない状態を維持すること。または、より固定化すること

ままにする。
・部下からのはっきりしない質問には、答えではなく質問で返す。

■「カチモヤ」
・交渉の際、既に回答は出ているにもかかわらず「いったん持ち帰ります」と伝える。
・不採用の文章を、「不採用です」から「ご希望に添えない結果」と濁して書き直す。
・就業規則に「その他」や「例外規定」を追加する。

■「カチカチ」
・契約内容を文章にした後、複数人で読み上げて確認する。
・組織に存在する規定やルールに、多様な解釈ができないように細目を設ける。
・辞書に記載されている言葉の意味を、組織内で理解がしやすい形に再定義する。

解説

いかがでしょうか。このように整理すると、モヤカチが職場で頻繁に使われている方法、そして考え方だと理解できるのではないでしょうか。

しかし注意のコントロールと同様、情報をモヤっとさせる、カチっとさせるのように意図的に使っている人はほとんどいません。なぜなら意識化ができていないからです。

今、自分が接している「情報の性質」がモヤなのか、カチなのかを意識してみてください。さらに、その情報に自分がどのような対応をしているのか（情報の扱い）を知ることも重要です。

モヤカチには、この「情報の扱い」も含まれており、前述したモヤカチの4パターンも、情報の扱い方で分けられています。原則として、情報の受け手の情緒的側面を考慮する必要がある、あるいは伝える側にとって受け取り手の理解が進むと都合が悪い場合にはモヤっとさせます（カチモヤ＆モヤモヤ）。

また情報の受け取り手にとってわかりやすくしたい、または解釈の余地（幅）を与えたくない場合にはカチっとさせます（モヤカチ＆カチカチ）。情報をモヤっとさせる、カチっとさせる、それぞれのメリットとデメリットを整理したものが図17です。

〝組織を変える〟には、カチっとした情報を、しかるべき手順で扱うべきと考える人もいるかもしれません。モヤカチでいえば、カチカチです。もちろん、その方法が適していることもあります。

しかし、今回のケースは〝引継ぎ〟です。繰り返し述べているように〝引継ぎの本質は変化〟なので、組織は様々な変化を許容しなくてはなりません。人間、そして組織は本能的に変化を嫌い、不安になりやすいのですから、あまり情報が

図17 "モヤカチ"メリット・デメリット

情報を…

	メリット	デメリット
モヤっとさせる	受け取り手の自由度が高まる 人によって解釈が多様 創造性を育む（活かす） 様々な変化を許容できる	向かうべき方向性が不明瞭になる 何をしたらいいのかわからなくなる 行動の動機づけが難しい 受け取り手の認識統一は難しくなる
カチっとさせる	向かうべき方向性が理解できる 取り組むべき行動がはっきりする 行動の動機づけが容易 受け取り手の認識統一がしやすくなる	受け取り手の自由度が低い 多様な解釈を許さない 創造性は発揮しにくい 変化を許容できない

解説

カチっとし過ぎている状態は好ましくありません。

組織の不安の緩和のためには「情報の性質」(モヤなのかカチなのか)をよく検討して、不安を増長させるようなカチっとした情報があれば、適度にモヤっとさせることが効果的です。

ただし注意しなくてはいけないのは、「すぐに行動して欲しい」、「正確に指示を伝えたい」などの場面では、情報をモヤっとさせるのは適切ではないということです。またビジネスにおける多くの場面では、カチっとしている情報のほうが好まれます。そのため職場では情報をモヤっとさせるよりも、カチっとさせるほうが割合としては大きくなるはずです。このことを頭に入れ、状況に応じた使い分けを心がけてください。

「情報の伝達」の二つの要素

〝引継ぎ〟によって生じることが想定される不安は、情報をあえてモヤっとさせることで緩和することができます。ただし、これはあくまで〝組織を変える〟、つまり引継ぎを組織の仕事として認識してもらうための準備です。

そのため、重要ではあるのですが、これだけでは十分ではありません。〝組織を変える〟ためには、組織にとって有益な情報を、一人でも多くの社員に伝えなくてはなりません。つまり「情報の伝達」が必要なのです。

「情報の伝達」には、二つの要素が含まれます。一つは、情報に関与する人、つまり「発信者と受信者」です。そしてもう一つは「伝達手段」です。

「発信者と受信者」の大きな分類は、人数と影響力です。発信者が複数（チーム全体など）、あるいは組織に対して発信者の影響力が強い場合（マネージャーなど）、情報が持つ力は大きなものになります。そのため、あまり工夫をしなくても、組織全体に伝えることができます。

しかし〝引継ぎ〟が組織の仕事として認識されていない状況では、発信者は一人（多くても2、3人）、受信者は組織全体なので複数です。この状況では、発信者の情報は力を持ちにくいため、組織全体に伝えるには「伝達手段」に工夫が必要です（図18）。

解説

「伝達手段」は、職場に限れば大きく二つです。一つは「直接話す（電話も含む）」、もう一つは「文書で伝える（メールも含む）」です。しかし一人の社員が組織の社員全員と直接話すことは難しいですし、いきなり複数人に文書を送りつけたら問題視されてしまうでしょう。

特に〝組織の変化〟のような取り組みの場合、これらの伝達手段は反発を生む原因にもなりかねません。そこで「伝達手段」の三つ目の選択肢として「巻き込み」という方法をご紹介します。

「巻き込み」では、伝えたい情報が含まれている仕事に、伝えたい人（受信者）を意図的に参加させることで情報の伝達を

図18　組織における「情報の伝達」

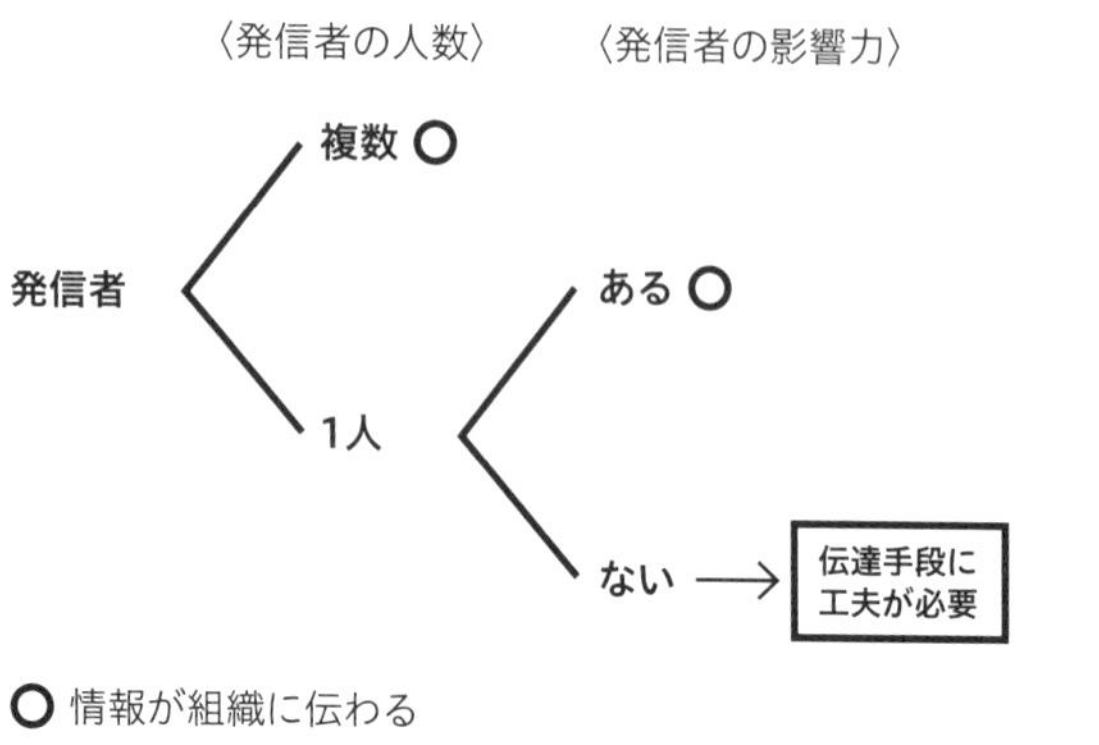

行います。この方法のメリットは、仕事を介しているため、組織の反対を受けにくいことです。そのため先ほどの図のように、発信者が一人で影響力がないような場面での情報伝達に有効です。

ただし「巻き込み」はデメリットの大きい方法です。情報を間接的に伝えることになるため、回りくどく、不確実性が高いのです。相手に情報を確実に伝えたいのであれば、直接話すなり、文書で伝えるほうが適しています。

しかし、どんなに有益な情報も一人で、あるいは関係者だけで抱えているだけでは、組織は変わりません。入口で潰されるくらいなら、多少、不確実であっても情報を広げることのできる手段を用いるべきです。さらにタイミング次第で「巻き込み」はそのメリットを最大に、デメリットを最小にして実施することができます。そのタイミングは、成果を上げた直後です。

成果を上げた直後は、成果を上げた社員がどのような立場であっても、その仕事に限れば意見がしやすいタイミングです。つまり、一時的ではあるものの「発信者の影響力が強い状況」であり「巻き込み」の提案がしやすいのです。さらに

解説

成果を上げた社員の話は、他の社員にとっても有益な情報です。「巻き込み」には参加意欲のコントロールが難しいというデメリットもありますが、このタイミングであれば、それも軽減することができます。

仕事で成果を上げることができた後、あなたはどのような行動をとっているでしょうか。ここで成果をひけらかしたり、給与交渉の材料にするのは簡単です。しかし、これらの行為は組織を変えることにはつながりません。

あなたが本気で問題意識を持ち、組織を変えたいと願うのであれば、このタイミングで組織全体を巻き込むような取り組みをすべきです。

「ストーリー」では、「巻き込み」の具体的な手段としてマニュアルづくりに取り組みました。実際には、必ずしもマニュアルづくりである必要はなく、やりやすい方法で構いません。しかしマニュアルづくりは「情報の伝達」のノウハウが豊富であるため、社員がこのプロセスを経験することは、より確実で効率的な〝組織の変化〟の実現につながるはずです。

Chapter 3

マニュアル作成で〝機会〟を生む

一般的に、マニュアルをつくる目的は、「ナレッジの共有」です。仕事に関する理解を促進し、パフォーマンスを均一化することで、人による仕事ムラを減らします。属人化とは正反対の取り組みといえるかもしれません。しかし残念ながら、マニュアルが有効活用されている職場は限られています。

なぜマニュアルがあるのに活用されないのか。それはマニュアルに含まれる情報が伝わりにくいものだからです。ファイルや冊子に含まれる文字情報は、カチっとしているが味気なく、読んでいて面白くありません。綺麗にまとめることを目的につくられたマニュアルは、ただの置物でしかないのです。

これでは、本来の目的である「ナレッジ共有」ができるわけがありません。ではなぜ、あえてマニュアルづくりを紹介するのか。それは〝成果物〟ではなく〝機会〟を創出するためです。

多くの場合、マニュアル作成のプロセスは以下のような形を取ります。

解説

①既存の仕事について、その内容や方法、注意事項などの情報を関係者から収集する。

↓

②収集した情報について、関係者に確認しながら記載内容を取捨選択する。また記載内容を文章や図形を使って紙面（ファイル）に落とす。

↓

③読み手に配布するなどしてマニュアルを使うように促す。

この①〜③のプロセスを経ることで、情報は無形の状態から、有形なものへと変化します。よくわからないものを、わかりやすくする。つまりマニュアル作成とは、モヤカチの工程を辿ることなのです。

①〜③について、中心となる人物を当てはめて考えてみます。①は情報の収集元の社員です。現在進行形で仕事が進んでいることが多く、属人化している場合もあります。ここでは、情報の「保持者」と呼びます。

②はマニュアルを作成する担当者です。ヒアリングした内容を検討し、情報の要不要を判断します。そして情報を実際のマニュアルに反映させることになりま

す。元の情報の形を変えてマニュアルに落とすため、ここでは「翻訳者」とします。
③はマニュアルの流通に関する内容ですが、中心となるのはマニュアルの読み手、つまり情報の「受信者」です。読むか読まないか、また理解できるかどうかは彼ら次第です。

マニュアル作成に関わる「保持者」、「翻訳者」、「受信者」のうち、元の仕事をもっともよく理解できるのは、誰でしょうか？ 本書をここまで読んだ人であれば、すぐにわかるはずです。そう「翻訳者」です。

「保持者」は、当事者として仕事をしているため、様々な事情や感情を抱えています。この中には仕事に必要な情報もありますが、不要で事実を覆い隠すものもあります。属人化した仕事であれば、暗黙知や名人芸といった言語化できていない情報もあるかもしれません。つまり保持者は、仕事をよくわかっていそうですが、客観視ができておらず人に伝えられるほどの整理はできていません。モヤカチでいえばモヤの状態です。

解説

「受信者」は、でき上がった文字情報を読む立場です。情報自体は整理されてわかりやすいのですが、説明書のようなマニュアルの文章は頭に入りにくく、これを読む動機も低い場合が多いです。また書かれている文字情報が正しいことを前提としてしまうため、記載がないものや、誤りに気がつきにくいことがあります。モヤカチのカチ状態です。

情報を十分に理解するには、その情報に込められた背景や言語化しにくい情報も知る必要があります。つまり文字情報だけでは不十分です。しかし整理が十分でない状態では、余計な情報が多く、正しく理解する妨げになります。

つまり、マニュアル作成のプロセス①では情報が混在し過ぎていて（モヤ）、③では整理され過ぎているのです（カチ）。これらの状況では、どちらも十分な理解は得られません。これは①や③の立場の人に問題があるわけではなく、情報伝達の性質上、避けられないことなのです。

ただし「翻訳者」は、「保持者」と「受信者」、両方の立場の人のことを考えながら、モヤっとした情報をカチっとさせる作業をします。彼らは、情報に対して客観的になりつつも、仕事にまつわる歴史や想い、暗黙知や名人芸などの存在も認識しながら情報の取捨選択をします。

さらに受信者のことを考えれば、保持者の話すままに記載するのではなく、伝えるために表現を工夫しなくてはなりません。この作業はとても大変ですが、すべての情報に触れ、その背景までを知る情報の理解度は「保持者」や「受信者」よりも遥かに高くなるのは必然といえるでしょう（図19）。

理想的には、組織の仕事に関しては全員が、すべての仕事のマニュアルづくりのプロセスに関わるべきです。ただし現実的には、組織のメンバー全員が参加するのは難しいです。そのため担当者を一人か2人設け、マニュアル作成を成果物だけではなく、プロセスまで整理しておくことを推奨します。

ただし組織のマネージャーには必ず関与してもらってください。なぜなら、マニュアルづくりが組織の仕事として権威づけがなされていなければ、持続性が低下してしまうからです。

なお、ここでいうマニュアル作成の目的は、成果物ができ上がることではあり

図19 「保持者」「翻訳者」「受信者」

	情報の「保持者」 情報の収集元となる社員		情報の「翻訳者」 マニュアル作成の担当者		情報の「受信者」 マニュアルの読み手
状態	**モヤ** 情報の中に、事実だけでなく様々な事情や感情が含まれている。また暗黙知や名人芸などの非言語情報も含まれる。	➡	**モヤ→カチ** 「保持者」のモヤっとした情報を、マニュアルに落とすためカチっとさせる。そのため情報はモヤとカチ、両方の状態を行き来する。	➡	**カチ** マニュアルから読み取れる整理された情報のみ。通常、事情や感情、非言語情報などは含まれていない。
情報量	**多過ぎ** 多種多様な情報が混在する。	➡	**十分** 情報を整理する過程で、文字情報にできない（難しい）情報が削ぎ落とされる。	➡	**少ない** 文字情報に整理済み。
理解度	**曖昧** 情報量は十分だが、本質とは異なる情報によって理解が妨げられる。また自分でも認識できていない情報が存在する。	➡	**高い** すべての情報に接し、それを理解しなければマニュアル作成ができないため、担当者の理解度はもっとも高くなる。	➡	**低い** 情報は整理されており、非言語情報も情報化されている。しかし理解に必要な情報が不足する場合がある。

ません。あくまで「情報の伝達」を通して〝組織の変化〟を促す機会を創出するためです。平行してたくさんのマニュアルをつくろうとすると、社員が分散されて「巻き込み」を十分に行うことができません。そのため一つの機会に一つをつくり、それが完成したら次のものに移る形が適切でしょう。

〝組織の変化〟は確実、持続的に

なお本書が、マニュアルづくりによる情報伝達（巻き込み）を推奨するのは、単なる経験則に基づくものではありません。もちろん実践による検証も行ってはおりますが、最近の脳科学研究によって支持されていることが大きな理由です。

神経科学者のコゾリーノ教授は「私たちの脳は、言語および意味のある社会的関係性によって構築される。つまりナラティブ（語り）によって、知識と感覚、感情と行動が神経回路によってつながるのだ」と述べています。

これは人間の脳は、単に文字や単語が並べられた情報よりも、ストーリーとして構築された（できれば自分が関与する）情報のほうが、記憶しやすいことを意味します。先ほどのマニュアル作成でいえば、マニュアルに記載されてあるような整理された文字情報は覚えにくく、忘れやすいのです。

さらに脳科学の領域では「語りは、記録によって知識として構成される」ことが共通した見解として知られています。これは、ただ語るだけでは知識として使えないが、記録という行為を通すことで他者も利用可能な情報、つまり知識になることを意味します。

様々な領域の達人や、常人離れしたパフォーマンスを上げるビジネスパーソンの話は、感心はさせられますが、役には立ちません。先ほどの情報源の社員についても同様です。つまり語るだけでは、モヤっとし過ぎていて情報として扱えないのです。

これら脳科学研究の知見を踏まえても、情報がもっとも効率的に伝達されるのは「保持者」でも「受信者」でもなく「翻訳者」、すなわちマニュアル作成の担当者であることがわかります。このことを踏まえれば、多くの社員をマニュアル作成に「巻き込む」ことの重要性をご理解いただけるはずです。

ストーリーの中で、赤井は〝引継ぎ〟を人材育成の枠組みに取り入れ、成長機会とすることの重要性を述べていました。この理由は〝引継ぎ〟が社員の成長に適した教材であるからです。

組織の仕事の中で、組織全体、あるいは複数人が関わるものは意外と少ないです。特に人材が不足し、仕事が増え続けている現在は、以前より顕著になっているかもしれません。目標や業務に関することはマネージャーと2人で行い、その他はできる限り独力でやっているという組織も多いでしょう。

残念なことに、人材育成にいたっては、誰もやらないまま放置されていることも珍しくありません。もちろん組織としては人材育成を軽視しているわけではないのでしょう。しかしカチっとした機会がないことから、後回しになってしまっているのが現実なのです。

もし人材育成の枠組みに〝引継ぎ〟が組み込まれ、マニュアル作成がその機会として設定できれば、〝組織の変化〟は確実に、かつ持続的に起こすことができるはずです。

And More

［ストーリー］

1年後の出来事！

私は赤井さんに呼ばれて、あるレストランにいた。赤井さんが食事に誘うなんて滅多にないことなので、何か企んでいるのではと気持ちが落ち着かなかった。しばらく待っていると赤井さんがやってきた。ただし一人ではない。

「やぁ工藤さん、お久しぶりです」

赤井さんが連れてきた人は、私のことを知っていた。もちろん私も知っている。１年前、降谷さんと私が苦労してやり遂げた引継ぎの前任者、松田さんだ。

「あのときは申し訳なかったね」

そう言って松田さんは私に握手を求め、私も応じた。あのときの経験は非常に貴重なものだったから、その機会をもらった彼を悪く思っているわけではない。だがもうちょっと丁寧な対応をして欲しかったという気持ちもある。

「いやいや、頼んだのは私だから、松田さんが謝る必要はないですよ」

赤井さんがよくわからないことを口にした。頼んだ？　何を？

「実はね、工藤くん。彼が退職することは、私は君たちよりもずっと前から知っていたんだ。また降谷さんを後任に選んだのも、そのサポートに君を配置したのも私。さらに私は松田さんに『丁寧な引継ぎはしないで欲しい』と頼んでおいたんだ」

「言っている意味がよくわからないのですが、つまり降谷さんと私はお2人にまんまと騙されていたということですか？」

「そんな人聞きの悪いことを言わないでくれ。松田さんが退職したのは事実だし、君たちにとっても引継ぎの勉強をするいい機会だったはずだ。松田さんだって本当は、丁寧に引継ぎをするつもりだったんだよ」

そう弁解すると、赤井さんは自分の意図を話しはじめた。

「実は当時、私は経営陣から営業部の組織改革の指示を受けていたんだ。営業部は成績こそ良かったものの、仕事が属人的になっていて、離職率も高かった。あのままでは近いうちに大きな問題が起こると考えられていたんだ。そんな中で、以前から仲良くしていた松田さんから、退職の話を聞かされたとき、チャンスだと思った」

「何のチャンスですか？」

「次世代を担う若手を成長させ、さらに組織改革を実現するチャンスだよ。降谷さんのことは松田さんから話を聞いていて、後任は彼しかいないと考えていた。工藤くんは、少々頼りなかったが、個人的に期待していた。それならば引継ぎを2人に担当させ、ついでに組織改革の実行部隊として動いてもらおうと考えたわけだ」

確かに、あの引継ぎで私たちが〝組織の変化〟に取り組んだ後、営業部は大きく変わった。マニュアルづくりは組織の仕事と認識され、今では全員が、部内のすべての仕事を説明できる。また人材育成の意識が芽生えたことで、ＯＪＴやキャリアプラン作成にも力を入れるようになった。一番張り切っているのは、あの毛利さんだ。

〝引継ぎ〟も何度か生じているが、そのたびに、創造的な仕事が生まれていると聞いている。ここ1年に限っては離職者もゼロだ。

「このことは毛利さんも知っている。彼にも引継ぎに非協力的な態度でいるように頼んだからね。もっとも彼の場合、もとからあんな感じだったので、彼自身が変わることも期待していたんだ。ただ松田さんには悪いことをした」

「忙しかったのは事実ですし、赤井さんの提案に乗ったのも自分の判断です。当時、降谷くんは優秀でしたが、一人で仕事を抱え込む癖があった。私の後任は彼に頼みたかったけれど、あのままでは引継ぎも不安だし、仕事の属人化も変わらないと感じていました。彼には、成長するきっかけが必要だったのです。だから赤井さんからこの提案を聞いたとき、喜んで引き受けました。たとえ2人に恨まれることになってもね」

「そういう事情があったのですね。でも、はじめから教えてくれれば私も協力しましたよ。それになぜ、1年経った今、この話をされたのでしょうか？　話す機会なら、これまでもたくさんあったと思うのですが……」

「あのときも言ったろ。重要なのはタイミングだ。引継ぎが変化に適したタイミングなのと同様に、この話をするのは今が適切だと考えている。実は来月、私は会社を辞めるんだ。そして松田さんと一緒に働くことになる。いや、辞めるという表現は正しくないな、もともと私はこの会社の社員ではない。社長である服部さんの依頼で出向してきていたんだよ。だから元の会社に戻るだけだね」

「え？ なんですか、その話？」

急な話ばかりで頭が混乱してしまった。ジェットコースターのような展開というのは、こういう状況をいうのだろう。

ここまでの話を整理すると、松田さんからの引継ぎは、赤井さんの意図で降谷さんと私の成長、そして営業部の組織改革の機会として計画された。さらに赤井さんはうちの社員ではなく、別の会社から出向していた。つまり降谷さんと私は、いろいろな人の思惑の中で動いていたことになる。

思い当たる節もある。考えてみれば、人事部の中で赤井さんの存在は特殊だった。誰もが認める実力があるのに役職にはついていない。上司であるはずの人事部長から仕事を振られている様子はなく、会社には用事があるときにしかいない。そもそも平社員が経営陣から組織改革の指示を受けるなんて有り得ない。

「赤井さんはね、人材育成を専門とするコンサルタント会社のパートナー（共同経営者）なんだ。工藤くんの会社でこのことを知っているのは、経営陣と人事部長だけかな。私も1年前、赤井さんの会社の一員に加えてもらった。だから立場的には、赤井さんは私の上司に当たる」

松田さんが口にしたことも驚くべき内容だったが、彼がこの場にいることと、これまでの話を踏まえれば、そんなところだろう。だんだん謎が解けてきた。

しかし一つ、わからないことがある。それは私の存在だ。降谷さんが松田さんの後任に選ばれたことは理解できる。しかし、赤井さんに見込まれていただけで、人事部の私を営業部の引継ぎにわざわざ引っ張り出すようなことをするだろうか。

「ここからは私からのお願いだ。工藤くん、君に私の後任になって欲しい。つまり私の会社に転籍した上で、実務はこれまでのように君の会社の人事部で働くということだ」

「スパイですか？」

「なんてこと言うんだ、そんなわけないだろ。私のときもそうだったが、この件は両社の合意の上で実施している。当初、私の出向期間は5年だったのだが、3年目が終わる頃に服部さんから契約の延長を頼まれた。しかし同時期に、私の会社で他に大きな仕事が入ってね、今まではなんとか両立していたが、今回ばかりは軸足をそちらに戻さなくてはならなくなった」


私が引っ張り出された理由がわかった。つまり私は、1年前の時点で赤井さんの後任に選ばれており、その〝引継ぎ〟の一環として、降谷さんの仕事に巻き込まれたのだ。しかし、赤井さんの会社にうちは何をお願いしているのだろう？


「うちの会社が依頼していること、つまり赤井さんが人事部で5年、何をやられてきたのか教えてくれますか？」

「〝引継ぎ〟だよ」

「いやいや、降谷さんの件は〝引継ぎ〟でしたが、赤井さんの仕事はそれだけじゃなかったですよね。私が知っているだけでも、お客さんのところへ行ったり、他の部署に行って調べものをしたりしていましたよ」

「それも〝引継ぎ〟の仕事なんだ。私の役割は、この会社の理念や価値観を未来に残すことだった。未来に残すとは、すなわち次代の人材への〝引継ぎ〟であり、そのサポートを頼まれていたということさ」

「うちの会社はなぜ、それを赤井さんにお願いしたのですか？ そういうのって普通、会社の中でやることではないのでしょうか？」

「確かに、これまではそうだ。しかし時代が変わり、その当たり前は通用しなくなった。この仕事を契約した当時、君の会社は高い離職率に悩まされていた。幸い、転職市場が活況だったことから、人材を外から取ってくることはできたようだ。しかし社員の定着が難しく、入っては出てを繰り返していた。この状況によって生じた問題は、人手不足だけではなかった。それが〝引継ぎ〟だよ」

「人の入れ替わりが激しくなったことで、理念や価値観が薄れていった？」

「その通り。仕事のサイクルが速くなったことは、この問題に拍車をかけた。社員の多くが、目の前の仕事に注意を奪われ、情報を共有する時間が取れなくなってしまった。仕事は属人化が進み、そして人が辞めていった。会社が持っていた知識や技術、経験は外に流れていってしまい、会社が大切にしていたはずの理念や価値観まで失いかけていた」

「全然、気がつきませんでした。確かに人の出入りは激しかったと思いますが、まさかそんなに深刻な状況だったなんて……」

「理念や価値観は、会社が社会、そして社員と交わした〝約束〟なんだ。1年前に話したように、〝約束〟だけは未来に残していかなければならない。そして、この状況をなんとかしたかった服部さんが、私に相談を持ちかけたというわけさ」


「でも、何で出向することになったんですか？ 理念浸透の施策とか、離職率を下げる方法とか、他にもやれることはあると思うのですが……」

「服部さんはそれらも試していたよ。ただ会社の中だけで解決しようとしても、結局、変わらなかった。君にも教えたように、会社には様々な縛りがある。会社の中にいる社員にとって、その縛りを振り払うのは簡単なことじゃない。だから私みたいに外の人間が入ることになったんだ」

「でも、外の人間に頼るのも同じことではないでしょうか？　もし赤井さんがいなくなってしまったら、そのノウハウは社内には残らないし」

「だから三つ目の変化として〝組織を変える〟ことを教えたんだ。営業部は今、降谷さんや君がいなくてもナレッジ共有はできているだろ？　人材育成の重要性も、1年前に比べれば理解が進んでいるはずだ。つまり〝引継ぎの風土〟が形成されつつあるといっていい。私が5年間やってきたのは、こういう仕事さ。営業部は君と降谷さんのおかげで順調だし、他の部署でも蒔いた種が芽吹きつつある」

「降谷さんと私の他に、赤井さんから引継ぎのレクチャーを受けた社員がいるのですか？」

「いや残念ながら、直接教えることができたのは君たちだけだよ。組織を中から変えようとするからには、相応の準備と多くの条件を整えなくてはならない。特に役員全員の承認を得ることに苦労してね、条件を揃えるのに4年もかかってしまった。しかし、最後の年に大きなチャンスがやってきた。それが君たちが経験した松田さんからの〝引継ぎ〟というわけだ。君たちが素晴らしい成果を残してくれたことで、私も服部さんから頼まれた仕事をまっとうすることができた。感謝しているよ」

「でも契約の延長ってことは、終わりじゃないんですよね」

「そうなんだよ。人事部長には細かく報告していたので、私がいなくても継続できると思っているのだが、服部さんが許してくれない。昔、世話になったこともあって無下に断ることは難しい。私の後任をつけることで、やっと納得してもらった」

「私の所属を変えないままではできないでしょうか？」

「それも検討したよ、はじめはそうするつもりだったし。ただ組織の中にいると、客観的な視点を持ち続けるのが難しいことも事実だ。だから今日、君を我が社に誘うために、松田さんと共にレストランに呼んだってわけ」

正直、赤井さんの話は驚くべきものだった。しかし同時に、誇らしい気持ちになれた。新卒で入社したこの会社に恩義を感じているし、私なりに愛着も持っている。しかし今回の話で、会社の中にいてはわからないこともあることを理解した。

大切に思っているからこそ、少し距離を置き、客観的な視点でサポート

And More

する。そんな会社との関係も、これからは必要なのかもしれない。

——レストランで食事を終えた私は、頭の中で、赤井さんと松田さんの話を繰り返していた。今の自分が赤井さんの後任として十分な働きができるとは思っていない、しかし引継ぎとは〝変化〟である。私らしい、私なりの役割があるはずだ。

赤井さんは2週間、返事を待ってくれると言っていた。しかし、私の答えは、もう出ていた。私の注意は、赤井さんの想いを〝引継ぐ〟ことに向いていたのだ。

おわりに

〝引継ぎの本質は変化〟であり、〝引継ぎこそ、変化を起こす最適なタイミング〟。

この、私たちのメッセージは受け取っていただけたでしょうか。もちろん本書は思想書ではなく、実用書です。上記の考えに従って、本文で説明した方法論を実践いただければ、組織の生産性は3倍に跳ね上がります（図20）。

なお3倍という数字は、私たちの調査から導き出したものですが、実はこれでも控えめな値です。なぜなら「引継ぎ時の損失がなかった場合」であっても、〝仕事を変える〟意識がなければ、いずれ成長限界を迎え、生産性の伸び率は減衰してしまいます。さらに、自分たちが環境の変化に適応できておらず、成長が止まっていることにすら気づかないかもしれません。
変わらなければ、組織の寿命は、静かに、しかし確実に終わりに近づいてくるのです。

また本書は工藤と降谷、二人の後任者を中心としたものでした。しかし後任者は、いずれ前任者になります。そして新たな後任者が生まれ、また前任者に……。このサイクルが繰り返されていきます。
自分が引継がれる側、つまり後任者の立場で不満を感じたのであれば、

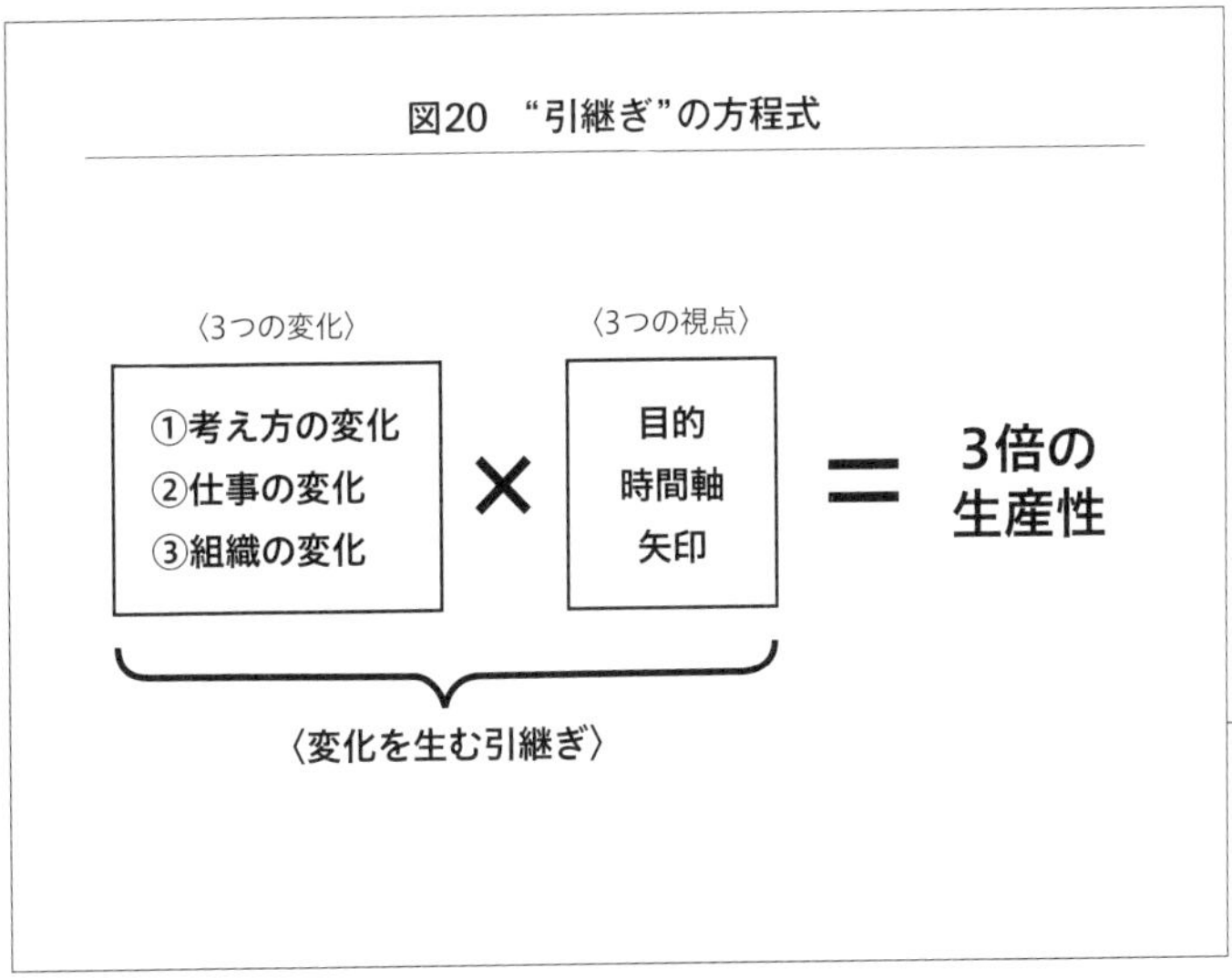

引継ぐ側（前任者）になったとき、相手に同じ思いをさせてはいけません。だからといって自分のやり方を押し付ければ、変化は生まれません。さらに丁寧に教え過ぎることは、後任者の意識を縛ることにつながります。

こう言うと「じゃあ、どうしたらいいんだ」と疑問を持つ方もいるかもしれません。それに対する答えが、私たちが伝えたい最後のメッセージです。

〝引継ぎは教育〟であり、引継ぐ側の人間は〝教育者〟であるべき。

本文では〝組織の変化〟の中で、引継ぎを〝人材育成の機会〟として扱っています。ここでは方法論を中心とした話でしたが、これに臨む姿勢、心構えとして当事者が〝教育〟の意識を持っていることが重要なのです。

あなたが誰かに仕事を引継ぐとき、このメッセージを思い出してください。引継ぐ仕事の主役は、あなたから後任者に受け継がれました。それならば、あなたの役割は教育者として、後任者を一人の人間として尊重し、その成長を信じ、支援することなのです。これは面倒で、苦労の多いことかもしれません。しかし後任者に必ず伝わります。そして、あなたの想いを受け取った後任者は、たとえ仕事を変えることはあっても、その想いは次代につなげていってくれるはずです。

本書の役割もまた、読者の方への〝引継ぎ〟だと考えています。ここに書かれている内容を、自ら実践し、広め、そして引継いでいっていただけることを願っております。

なお本書に記載の内容は、弊社・ソシオテック研究所の佐藤淳の支援の下で構成したものです。また引継ぎに関する調査については、弊社のお客様にご協力をいただきました。末筆ながら、御礼申し上げます。

ソシオテック研究所　宗澤　岳史

監修者あとがき

私は数十年、コンサルタントとして生きてきました。米国で恩師と出会い、彼らの下での修業時代を経て、日本でソシオテック研究所をつくり、今日に至ります。ありがたいことに事業は途絶えることなく、長くお付き合いをしてくださっているお客様もたくさんいらっしゃいます。

振り返ってみると、事業を通して、多少は社会に貢献してきたという自負があります。しかし「次代を担う人たちに、何か残すことができたのか」と聞かれると、答えにつまっていました。なぜなら自分が得たものを〝引継ぐ〟ことについては、十分ではなかったように感じていたのです。

そんな私の人生の宿題を、書籍として形にしてくれたのが2017年に刊行した前書『DEAR』(プレジデント社刊)であり、そして本書『引継ぎ Change & Education』です。私が持つ人材育成、組織開発の知識と経験が、科学的な検証を通してまとまっています。つまり、これらの書籍こそ、私ができる社会への〝引継ぎ〟といえるかもしれません。

本書では「引継ぎ」を単なる業務の受け渡しではなく、仕事や組織を変化させ、より高いステージへ上がるための機会として位置づけ、その方法論まで記しています。つまり理論書かつ実践書であり、個の仕事のみならず組織論に至るものです。「引継ぎ」という身近なテーマではありますが、これをお読みになることで、読者の皆様に新しい視点を提供できるものと考えています。

本書の企画と編集には、プレジデント社の金久保 徹さんに大変お世話になりました。この場を借りて御礼申し上げたい。また、弊社・ソシオテック研究所を支えてくださるすべての社員とお客様、そして本書を手に取っていただいた方に感謝と親愛の意を表し、私の「あとがき」とします。

株式会社ソシオテック研究所 代表取締役社長　三上　登

生産性を3倍に跳ね上げる

引継ぎ Change & Education

2019年3月1日　第1刷発行

著　者	宗澤岳史
監　修	三上 登
発行者	長坂嘉昭
発行所	株式会社プレジデント社 〒102-8641 東京都千代田区平河町2-16-1 平河町森タワー13階 https://www.president.co.jp/ https://presidentstore.jp/ 電話　編集 03-3237-3733 　　　販売 03-3237-3731
販　売	桂木栄一、高橋 徹、川井田美景、森田 巌、末吉秀樹
装　丁	鈴木美里
校　正	株式会社ヴェリタ
制　作	関 結香
編　集	金久保 徹
印刷・製本	大日本印刷株式会社

ISBN978-4-8334-5141-3
Printed in Japan

本書についての問い合わせ先

株式会社ソシオテック研究所（Socio-tech Institute CO., LTD.）
〒102-0094 東京都千代田区紀尾井町4番1号 ニューオータニ ガーデンコート23階
TEL：03-3261-4520（代表）　FAX：03-3261-4522　URL：http://www.socio-tech.jp/
E-mail：sti@socio-tech.co.jp　担当：宗澤岳史

会社紹介／株式会社ソシオテック研究所

1991年設立。「人から始まる創造と革新の未来づくり」を使命として、企業の経営活動全般に関するコンサルテーション、企業内教育全般のサービスを提供している。企業が抱える課題に対して一方的な解決策（処方箋）を提供するのではなく、自立自助の力をつけるための支援を行うこと（プロセス・コンサルテーション）、そして問題の発見、解決策の立案・実行にあたっては企業と共に考え、最適な方法を作り上げること（カスタマイゼーション）をサービスの礎に置いている。創業以来、延べ顧客企業数は500社を超え、あらゆる業界のリーディング・カンパニーに対する実績を有している。グループ会社は、（株）バリューイノベーション、（株）経営科学センター。